李燕聊齐白石

李燕　徐德亮　著

北京大学出版社
PEKING UNIVERSITY PRESS

图书在版编目(CIP)数据

李燕聊齐白石 / 李燕，徐德亮著. — 北京：北京
大学出版社，2017.1
（沙发图书馆）
ISBN 978-7-301-27710-2

Ⅰ.①李… Ⅱ.①李… ②徐… Ⅲ.①齐白石
（1864-1957）—生平事迹 Ⅳ.①K825.72

中国版本图书馆CIP数据核字(2016)第255596号

书　　　名	李燕聊齐白石 LI YAN LIAO QI BAISHI
著作责任者	李　燕　徐德亮　著
责任编辑	艾　英
标准书号	ISBN 978-7-301-27710-2
出版发行	北京大学出版社
地　　　址	北京市海淀区成府路205号　100871
网　　　址	http://www.pup.cn　新浪微博:@北京大学出版社
电子信箱	zpup@pup.cn
电　　　话	邮购部62752015　发行部62750672　编辑部62756467
印刷者	北京中科印刷有限公司
经销者	新华书店
	170毫米×240毫米　16开本　17印张　252千字
	2017年1月第1版　2017年1月第1次印刷
定　　　价	68.00元

此书缘起

聊聊齐白石老人，好大题目！

齐白石是近代中国到现在为止，影响最大、名气最大、政治地位最高、拍卖场上画价最高的大画家之一。向世界介绍中国的艺术，介绍中国的绘画，绝不可能绕开齐白石。我们自己学习中国的艺术，学习中国的绘画，也绝不能躲开齐白石。

我没说齐白石的艺术水平是最高的，那是因为自古以来"文无第一，武无第二"，每个人对艺术的理解不同，审美水平也不同，都有自己心目中的"最高"。但我要说齐白石是20世纪中国画水平最高的几个人之一，除了故意想"领异标新"者之外，大概没有人会有什么异议。齐白石是中国人最熟悉的人之一，你可能不熟悉他的长相，但你不可能没见过他画的或者按他的风格画的虾和螃蟹，不可能没见过他的风格的青蛙、蝌蚪和小鸡，这些也是中国近一百年来最为广大人民群众所熟悉的国画艺术形象。

但我们对齐白石真的熟悉么？我们只知道他画虾，他的虾是怎么画出来的？是在什么情况下创造出来的？有什么独特的用笔方法？不同年代的虾画得有何不同？甚至，他究竟爱不爱画虾？这些问题肯定不是每个人都能回答上来的。

他还画过什么？他画画的方法、步骤是什么？他用什么样的笔和颜料？他有什么画画的"秘方"？他怎么教徒弟？这些问题好多国画专业的学生也不一定说得上来。

这都是专从绘画上提出的问题。如果我们把目光放得远一些，从历史的角度看：这位活了97岁、"历经三朝"的老人，这位留下了

30000多件书画作品，每件都价值不菲的老人，这个影响了几代中国人的审美自己却一直粗茶淡饭的老人，他的一生到底是怎样的精彩，或是怎样的无奈？他和那些在历史的星空上闪烁着异芒的大名人们有什么样的交往？他在动荡的岁月中，又有什么样的故事映射在了自己晚年安静的画作中？爱读历史的人，爱听故事的人，对这些都会非常感兴趣吧！

我从小学画，但那时候能见到的《齐白石画谱》，不过是小三十二开，只有几页彩色，大部分都是黑白页，薄薄一册。而且因当年的印刷技术所限，画面几乎看不清楚。虽然小时候连脸盆上、茶壶上、枕巾上都是齐派风格的画，但想看看清楚点儿的真迹，却几乎是不可能的。

连画册都如此，齐白石的人物志传、传说故事当时更难搜集。直到上大学之后，所见也不过《白石老人自述》和张次溪先生写的《齐白石的一生》这两本。

最近几年中国经济发展，书画市场火热，齐白石成了拍卖市场上最大的"明星"，真迹屡屡拍出天价，赝品甚至拍得比真品还贵。经济的发展带动了文化的发展，各种齐白石的画册，高清大图，一套一套地出版。各种介绍齐白石、研究齐白石、辨伪齐白石的书也一本接一本地出。这都是画界幸事，学界幸事。但我再学齐派画作，再了解齐白石，已经不用只限于书本了。因为，我已经有幸于2010年拜在了清华大学教授李燕先生门下学画，得以窥见中国大写意画的门径，更可亲耳聆听恩师讲述他的父亲李苦禅先生与白石老人的交往，聆听恩师自己与白石老人的缘分。

因为我从小就学齐派水墨画（现在教儿童画都是按齐派的路子教，因其似乎"简单""程式化"），觉得越画越空，不知道怎么进步。当我第一次拿着我画的虾向李先生请教时，第一个问题就是："我绝不是对齐先生不恭，我也知道齐先生水平高，但您得告诉我，我画的虾比齐先生的虾差在哪儿？"恩师如果不是见我诚挚，又因我是说相声的，有所原谅，大约第一天上课就要"逐逆徒出师门"了。

因为齐白石的大弟子是李苦禅，李燕先生是苦禅先生的公子，我是李燕先生的徒弟，我这等于是徒弟第一天上课就要比量师祖，确有点儿"大逆不道"的意思。

但我也是因为确实想进步，才有此一问。因为学写意画，如果走的道路不对，是很容易眼界低下，不知道如何进步的。但以我当时的水平，恩师还真不好跟我解释。就像如果有中学生跟我学相声，照着侯宝林先生的录音，模仿个八九，然后问我"我知道我肯定比侯先生差得远，但是我和录音都这么像了，我比侯先生的相声差在哪里呢"，这个问题也是不好回答的。

恩师在这四五年中，对我悉心指导，我的画艺和自己相比也是日渐精进，就觉得齐先生离我越来越远——自己越长进，就越知道齐先生有多伟大。最让我觉得兴奋乃至于庆幸的是，恩师指导我走的路是正确的。他的父亲李苦禅，从24岁起拜在白石门下，几乎每天伺候白石翁作画，目所见，耳所听，都是齐翁对画画一道的正确见解和真实方法。恩师从50年代学画，直到1983年苦老去世，一直没离开苦老，这种正确的见解和真实的方法自得真传。恩师对我们这些学画的弟子，也是因材施教，毫不保守，所以，我希望我们这些徒弟，也能把这些正确的见解和真实的方法继承下来并发扬光大。

更为可贵的，恩师在示范教学中，纵横捭阖，广征博引，很多他与白石翁的故事，他父亲与白石翁的故事，他鉴定白石书画的故事，往往一边笔下示范，一边顺口而出。他是真正见过白石翁的，他自己又是书画高手，世家出身，和齐家这么多年没断联系，可聊的太多，多是各类书中未见的。我是顾了笔头顾不了口头，每次上完课，课后要记的笔记都不少，而且老觉得颇有遗漏，非常遗憾。一直觉得，如果有时间让恩师系统讲讲齐白石，那就太好了。

机会来了。2015年，我主持北京文艺广播FM87.6每天晚上七点到八点的《艺海说宝》，每天一个小时的节目，都是我主讲的收藏故事。每天讲一个小时，量太大，做了半年之后，肚里"存货"有限，嘴里口水渐干，越来越累。我忽然想起，早在2011年，我在做北京交通广播《徐徐道来话北京》的时候，就曾经采访过恩师，请他讲他们父子和侯宝林先生的故事。恩师的讲述故事性强、逻辑清晰，而且颇富技巧，贯口张嘴就来，包袱笑料不断，颇受听众好评。干脆，我请恩师系统讲述一下白石老人吧！一方面可以解我之难题，另一方面保留了资料，而且听众一定爱听，于收听率颇有帮助，又正是收藏的正路。于是，我向恩师提出了要求："我每周来采录您一次，您聊聊齐师祖。"关键是，"栏目组经费有限，一分钱给不了您"。恩师欣然应允，明确表态："当年齐爷爷收我父亲登堂入室，都不收一文学费，我如今弘扬齐爷爷的艺事，乃徒孙本分，岂可谈一个'钱'字！"

于是，就有了大约从3月到9月，每周一晚上的《艺海说宝》恩师聊齐翁的一个小时的节目。不但观众爱听，连栏目组的录音师都迷上了去先生家采访，因为除了听故事，每次还能开眼。恩师会拿出讲解的诸如齐翁真迹、文玩古物等让我们同观。到9月的时候，《艺海说宝》的市场占有率已经达到了百分之二十多，换言之，每天晚上七点到八点，全北京只要是开着的收音机，四台中就有一台在听这个节目。您看看那个点儿北京的路上堵着多少车，就知道有多少人在听。这么好的成绩，恩师的"李燕聊齐白石"功不可没。

但广播的局限性在于看不见，恩师讲的一些有关齐先生的真迹等需要看的东西，听众看不见，就觉得不过瘾。我也觉得这么好的内容，如果不出书，只让它存在于电波之中，未免可惜。于是，我把它整理成文，恩师看过，又补阙正误，多所增益，把大量家藏和亲友藏的齐白石真迹以及独家照片、相关文物一并附图于其中，辑成此书。

此书的价值，在历史爱好者看来，是细致完善的"口述历史"；在书画研究者看来，是研究齐白石，尤其是辨伪方面的宝贵资料；在国学继承者看来，是学习中国画，做好中国人的正路。

单就书画学习者来说，这本书简直就是清华名师的美术公开课。就像书里提到：当年许麟庐先生学画，有白石老人这样的宗师当老师，有李苦禅这样的大助教在旁边帮忙，那能学不好么？可以类比，有李燕先生这样的老师，再有北大中文系毕业的徐德亮这样的助教，对您能没帮助么？哈哈！此为笑谈。

此书出版，应当感谢《艺海说宝》栏目组张世强、郝冬梅，感谢北大出版社我的同窗艾英。北大毕业生采访清华名师，再由北大出版社结集出版，亦是两校间的一段佳话！

徐德亮
2015年11月4日于狸唤书屋

目 录

1

李燕聊齐白石

2

【第一聊】

那年我9岁，师爷92岁

我9岁。白石老人是92岁。父亲带着我进去，我按照父亲的叮嘱，进门就先鞠一个特大的躬……『齐

爷爷您过年好！』白石老人一看，问：『苦禅啊，这个娃是谁家的娃？』我父亲说：『这我的孩子李燕。』

徐德亮（以下简称徐）：齐白石老先生是艺术巨匠，对中国画的影响远远不止几代人，但是余生也晚，没赶上。但我想就算是够岁数的，现在见过齐白石先生的人也不多了，因为当年能见到先生的人肯定不会很多，您在当年是见过齐先生的，请问您是哪年生人？

李燕（以下简称李）：我是1943年生于北京。所以我的父亲苦禅老人给我起名叫李燕（一声），燕京的燕，别念成李燕（四声），那成女孩子了。

徐：齐白石先生是哪年去世的？

李：他是1957年9月16日过世的。

徐：齐先生当年就是世界知名的大画家，他的地位再加上年岁的问题，现在见过齐先生的人，尤其是画界见过齐先生的人，肯定已经不多了。

李：很少很少。

徐：所以我想请您聊聊，当年，您是怎么见的齐先生？第一眼看到他有什么感觉？当年您父亲怎么把您带到齐家的？

李：我对我师爷是先闻其名后见其人，可以这么说，我父亲平常谈到自己的艺术经历和教学，举的例证最多的就是他的恩师齐白石老先生。他称齐白石先生从来不直呼其姓名，总是称老先生、先生或者齐老先生，连"白石老人"这么称呼都很少，可以讲他对白石老人敬若亲父亲一样，确实是恩师。他经常给我讲到齐爷爷如何，齐爷爷如何，当年齐爷爷跟我讲什么什么。所以在我没见过齐爷爷以前，齐爷爷的形象好像在我心里已经有了，是一个慈祥的老人家。

齐白石在作画

4

当然那时候我太小了，孩子太小，一般大人不愿带出去，带出去丢人现眼，尤其是我小时候不是好孩子，特淘气，淘气得都出名了，所以我父亲去齐老先生家肯定不能带我去。慢慢地长大点儿了，懂点儿事了，那年大概是9岁，我父亲说："你不是老想见你齐爷爷吗？快过年了，我带着你到跨车胡同见你齐爷爷，给他拜年。"我怯场，没出去过。我说："见齐爷爷我说什么啊？"他说："到那儿你就记住别多说话，先鞠一个大躬，'齐爷爷过年好！'他要是送你点什么……"——老年间特别兴送压岁钱——"你双手接，退回来再鞠一个大躬，还是那句话，'谢谢齐爷爷！'别的说多了你也记不住。"就这样，带着我就去了。

徐：当时您是几岁？

李：我9岁。白石老人是92岁。到了跨车胡同一看，白石老人家里，一到过年，去的人真是鱼贯雁行，门就甭想关了，就开着了。进去以后屋里已经站满人了。那时候老师如果坐着，弟子们一般都是站着。他坐在常坐的藤椅上，那真是仙风道骨，甭问这是谁，这人准是齐爷爷。

父亲带着我进去，我按照父亲的叮嘱，进门就先鞠一个特大的躬："齐爷爷您过年好！"白石老人一看，问："苦禅啊，这个娃是谁家的娃？"我父亲说："这我的孩子李燕。""我没得见过，过去来的不是他？"我父亲说："过去来的是他哥哥李杭，杭州生的叫李杭，这个是北京生的叫李燕。"

"这个娃过来。"白石老人一招手叫我过去，左胳膊搂着我，右手就掏腰包了。一包一包的压岁钱，老人早就准备好了。拿出一个红包来给我，我赶快双手接过来倒退三步又鞠一个大躬："谢谢齐爷爷！"老人还挺高兴，就招呼老尹。

老尹这个人其实很有文章可写，他是一个清末的太监。清代一灭亡之后宫里好些太监、宫女都遣散出来了，这些人有的命运很惨。过去都是家里穷得不得了，才把自己家的小男孩送出去交给太监们，净身，做手术，成了小太监，归大太监管。大太监们想法把自己培养的小太监，插到宫里的内务府，这样他在宫里的势力就大。老尹学得挺伶俐的，可是没进宫呢，清朝灭亡了。这样的太监一般出来以后没有人认，没有人管。一般家里都觉得这是耻辱，子侄辈的都不管他们。

徐：老尹还没进宫呢？

李：没有，但是怎么伺候老爷子，宫里有什么什么规矩，他全都懂。

徐：那难道还有有人认有人管的太监？

李：有啊。里面有的比较红的太监出来之后，外头有拉洋车的，因为他们可挣了钱了。一看这太监出来，过去就称"爷"，这爷那爷的。其实太监不应该称爷，应该称老公，现在一说老公是丈夫，北京人以前管太监才叫老公呢。拉洋车的一看阔太监出来了，赶紧就过去，"爷，您上车，我养着您"。

徐：拉洋车的拉太监？

李：知道他也没地方去，拉到家里伺候着。宫女可得拉岁数大点的，要不回家媳妇不干。好，养这太监可不白养，这些太监从宫里带出来的东西都是稀世之宝。太监那时候在宫里偷宝贝，看金银都跟看铜铁一样，金银都不偷，偷的都是稀世之宝。建国初期成立过一个组，陈毅直接领导，动员这些老太监向国家献宝，献的太多了。

老尹呢，他就被白石老人收容了。老尹就是一辈子伺候齐老先生，各方面来说是非常地伶俐周到。你想他是学过伺候皇上的，称皇上是老爷子，他称齐老先生也是老爷子。

当时白石老人招呼老尹，一示意，意思就是把那边那个纸卷拿过来。老尹拿过来当场打开，四尺三开的一张画，画的什么呢？天上飞的鸽子，底下一个篮子，装着俩柿子俩苹果，题的篆字"世世太平"，这是用柿子苹果的谐音。

当时世界上有一场运动叫世界和平运动。因为大伙认为二战结束以后，现在冷战开始了，就怕什么时候起第三次世界大战，大家都呼吁和平，这是那时候世界的大形势。就在世界和平运动中间，毕加索画了一个白和平鸽，成了会徽了。有人说："齐老爷子，你也画和平鸽呀。"他说："我以前

齐白石与梅兰芳合影

没有画过和平鸽。"现在有人找我鉴定，拿出来齐老先生一九四几年画的鸽子，我不知道怎么回事。

徐：那肯定就是假的呗。

李：反正白石老人基本上是在1950年以后才画的鸽子。他确实是大师，他说："我没画过鸽子，我得养几只鸽子看。"这事梅兰芳先生知道了。梅兰芳跟白石老人可不是一般的关系，他们之间太亲密了。梅先生说："老人家您要看好鸽子，别到别的地方去看，您到我家看，我那儿有好鸽子，都是名种鸽子。"梅先生说话，温文尔雅。

就这样，白石老人就去梅家看鸽子，他就老看，老不动笔。后来我师叔许麟庐说："您别天天去梅先生家看了，我给您买几只在家里养着吧。"他这一看，把鸽子的最美处全抓住了，一画就美，他后来得世界和平奖跟这不无关系。

但是他留下的鸽子真迹非常少，特别是上头飞着一只鸽子，底下又是"事事太平"题材的，到现在我活72岁了，我能知道的大概就三张，我这儿就有一张，这件宝可厉害了。

小时候我们家穷，压岁钱拿回去我不敢花。老爷子给了我多少钱呢？1万块。按那时候的物价，1万块能买什么呢？最贵的、一般人消费不起的大对虾，你能买1斤半。要是买鸡蛋，在城里至少能买25个鸡蛋。如果到房山，那时候交通不方便，自己骑自行车去能买50个，可骑回来这一路颠哒坏了多少，那损失归你自己。这1万块在那时候要是粗算是这么个价钱，我拿回去一直在书里夹着。

徐：跟现在比大概就是五六十块钱的意思？

李：那时候就像德亮你这岁数的，你要是能够一个月挣到30块钱，那周围人都羡慕你。

徐：后来到60年代我父母刚上班，学徒工是17块5。

李：当然那时候的物价又不一样了。后来1953年整个币制改革，1万块钱兑换1块，100块兑换1分。后来这1万块就换了，但是画一直保存着。到"文化大革命"的时候，一抄家，把我们家存的字画文玩都抄走了，我这张画也抄走了，我还哭了一场。这是跟我师爷爷的缘分啊，都抄走了。

后来"文革"结束以后，有无名好心人愣把抄走的白石老人给我父亲画的、写的几件东西，卷成一卷还回来了！真有好人！

徐：怎么还回来的？

李：他搁到美院的系办公室了，系办公室的书记给我打一个电话，说李燕你来一下，到系办公室来一下。我说："什么事啊？"这人啊，经"文化大革命"肝儿颤，一般打电话说你来一下有事的，没有好事。结果电话里还没有说。那就赶快骑车去吧，到那儿去，说有人给你们一卷东西。我一打开，我告诉你，当时这种感受，没法描述！真是如同隔世一般！所有白石老人给我父亲写的、画的全部的东西都在，就缺了一件：《青蛙》。那张画是

李燕聊齐白石

带着我母亲的上款的，被抄家造反派偷走以后卖给日本人了，后来这张画还在荣宝斋裱过，但是我们也不能要了，因为转了手，成为外宾的东西了。好在这个画还在人世。

除了这一张，其他的几件都在，包括我这件《世世太平图》，拿回来这个高兴！我就挂在那里，没有挂多少日子不敢挂了，来的人谁都知道这个价值啊。到我家来的人，包括我父亲的朋友，一看，都是大加赞叹。为什么都说好？太好了！白石老人的虾、螃蟹全世界大概能找到几百件上千件，这和平鸽真是太难得了。聊到最后那会落到"你给开个价怎么样"这句话，都落到要买这张画。

徐：最后都说这句？

李：是啊，谁不想买啊。我说："我不能卖，这是师爷跟我的缘分。"我唯一遗憾的就是当时我太小，没有题上款。

不但这张画我绝对不能卖，我父亲这么多年穷到什么份儿上也没有卖过老师一张画，所有老师的画都在，现在都捐到李苦禅纪念馆。这是传家宝。

现在我经常拿出来借给他们看，还当教材，还在世纪坛展览，可是不让接近，为什么？怕看出来，高仿的。这是一段情缘。

说实在的，那时候我小，不懂什么叫大写意，包括我父亲苦禅老人的画我也看不懂，都到一定年岁才懂，因为它毕竟是个有高度的东西，是不是？要是你德亮十来岁找我学画，我也不收。非得是北大中文系毕业了，有多年社会阅历了，自己又画了多年了，这时候你来找我学画，我才给你说。中国大写意是一种高等的绘画艺术，这不是我说的，我说的不算，老前辈都这么说，我要不这么说不显得我没有文化吗？

确实，初见齐爷爷，给我的印象实在深刻。

徐：那您最后一次见齐先生是什么情况呢？

李：我最后一次见我师爷是他坐在汽车里面，从中央美术学院煤渣胡同宿舍门口过，在那儿停一下，车里有人进这个院里头找其他先生。美院宿舍住的这些位老先生，要点起名来，一个一个都是近代美术史上不可或

齐白石　世世太平　92 岁　69cm×36cm

10

缺的人物。白石老人岁数大了，就没下车，在那儿稍微等一下。正好我一出门，好些孩子围着车。因为白石老人的形象大家太熟悉了，小孩们都喊"齐白石，齐白石"。我也隔着玻璃喊"齐爷爷"，这是我最后见的一面。

徐：这大概是哪年？

李：就是他去世大概头一年半。

徐：55年、56年左右？

李：对，白石老人57年去世。

白石老人在我心目里现在是越来越崇高。前几天我刚参加一个开幕式，现在展览开幕式一般我不去，太多了。但是舒乙，老舍先生的公子，邀请我参加这个画展开幕式，我们两口子非去不可，为什么？他陈列的是老舍先生还有胡絜青收藏的白石老人的字画。

白石老人的画，品位不一样。有的画，纯粹就是为了生计，为了卖钱，说实在的，那些画不是他的代表作。但是给好朋友、知己，包括给我父亲、给我画的画，有一种特殊的感情，画出来的味道跟平常的商品画、应笔单的画就是不一样。这次展的这些藏画，从各个地方不同藏家手中，都聚到美术馆，这机会太难得了。我到那儿一看，那真是绝透了！里面绝大部分作品是我没有见过的。而且舒乙大哥都80多了，当场在那儿当讲解员，声如洪钟。那些作品真是好，绝大部分都带着上款，老舍先生的上款之外还有胡絜青先生的上款。

看了这些，越来越感觉到一个大师能统领时代，而且永不过时，不但不过时，他去世这么多年，都超过五十年了，还有新的发现，老有宝藏可以发掘。这里有什么原因呢？就是自己的认识水平在不断地提高，原来没有看出来的妙处，现在看出来了。

徐：就跟我们现在教书画、教儿童画都是教齐派的，小孩先画个虾，先画个螃蟹，可是画一辈子，画到六七十了，才发现人家的三笔和自己的三笔可不一样。

李：所以怎么老学画虾呢，那是最难的东西。有的所谓画家，你问他虾画多少年了？他说我虾画三十年了。瞎画六十年也画不出来啊！当然，这是说着玩的。

徐：您跟齐先生生命的交集大概有十四年的时间，您上齐先生家去得多吗？

李：我很有幸跟师爷见过面，但是我去的次数并不多。因为那时候我太小了，可能会给人家老先生裹乱，所以我父亲不愿老带着我去。但是我父亲经常说到老先生的事情。那个时候我父亲经常讲，白石老人挺不容易的，为什么呢？他要维持一大家子的生活，而且他的画卖得并不贵。他不像现在有些画家炒作，多少多少万一平尺。他很朴实，该多少就是多少，他的画卖得并不贵。他又要靠画养活一大家子人，所以他高产。

白石老人一直到晚年，都是从早上起来就画，除了吃饭时间，一画画一天，就是在中间，大约上午十点钟的时候，养养神，吃完晚饭又画。他晚上画画，点起六根洋蜡。那时候老先生还不敢装电灯，他说怕把雷公给引下来。齐家一直到很晚才装电灯，开始晚上都是点六根洋蜡照明。为什么叫"洋蜡"呢？那时候中国连蜡都不会生产，得靠进口，所以叫洋蜡。不像现在全世界过圣诞节点的都是中国蜡。当然点洋蜡可不便宜，那为什么点六根蜡呢？六根蜡点起来没有影子，好画。如果今天晚上不画画，就是写点什么，那洋蜡一根不点，就一个煤油灯，捻出一根儿捻儿来，就靠那么一点儿亮写。老先生生活极俭朴。

徐：这六根蜡就是绕圈点？就跟无影灯似的？

李：左右一边三根。这样一天产量高。我父亲说："我在那儿，老先生也是习惯示范教学，他不藏私，就当着学生画，所以我也就不宜多问话。"往往什么时候提问题呢？老先生画了两三张，挂在墙上了——每回往墙上挂，那是我父亲的事——老先生坐在那儿自己看，这个时候我父亲提点儿问题，老先生有所解答，前提也是千万别干扰老人家挣饭钱。

天下最俗的莫过于挣钱吃饭，但是没有这个俗养不起雅来，这是很实际的问题。但是齐老先生对弟子确实一点不保守，甚至是秘方，他指着吃饭的，应该是密不传人的一些配方，对于像自己的很看重的弟子他绝不保密。

徐：您举个例子？

李：有一回我父亲看一个老前辈的画展，有人用的墨是积墨法，黑上加黑，黑上再加黑，一层一层的积墨。可是这黑到一定程度了，这墨就发亮了，一亮成皮鞋油了，就不黑了。这可怎么画呢？我父亲就问老前辈："老先生，您这个黑中黑，不发亮，透着深，这么有层次，您的墨是怎么用的？"老前辈就说："这不难啊，功到自然成啊！只要功夫深，铁杵磨成针，好好练。"我父亲一听这个，明白了，那就是人家不愿意说。因为世界上真理和废话就隔一层窗户纸，但是真理永远不是废话，废话也不是真理。比如我教导你，德亮，你要知道，吃饱了不饿。这就是废话，说相声可以，但生活里不能有这个。这层窗户纸人家不肯捅破。

等到了齐老先生那儿去，我父亲就问："老师，这个墨，黑中黑不发亮，像老师你的黑蝴蝶，画得黑得像长了绒儿似的，真好，一衬翅膀旁边儿的白花儿，显得花儿特白，墨特黑，这个墨怎么使？"白石老人用的墨，墨本身并不讲究，就是龙翔凤舞牌的墨。说实在的，当时那个墨挺便宜的，就是杂烟儿墨，账房先生写账、当铺先生都使那墨，并不是什么特别名贵的贡墨，不是这样的。

徐：我听另外一个画家跟我聊，他小时候学画，他是外地的，和北京的画家学，那时候得函授，还得特地跟他买齐家的纸齐家的墨，说是要不然出不来齐家的效果。

李：这个事另说了，咱们也不好评论。就说齐老先生吧。白石老人当时就把秘方告诉我父亲了。他说这个墨不可轻易用，全是黑的就不黑了，关键的地方该黑的才必须得黑。像蝴蝶身上带着这种绒，黑蝴蝶，不知道大家见过没有，放在放大镜底下是鳞片，但是把光全吸收了，不反光，所以看着就特别的黑。白石老人就把配方说了。怎么怎么调，用的时候单用一个小砚台研，就这地方用，别处别用，都黑就都不黑了。

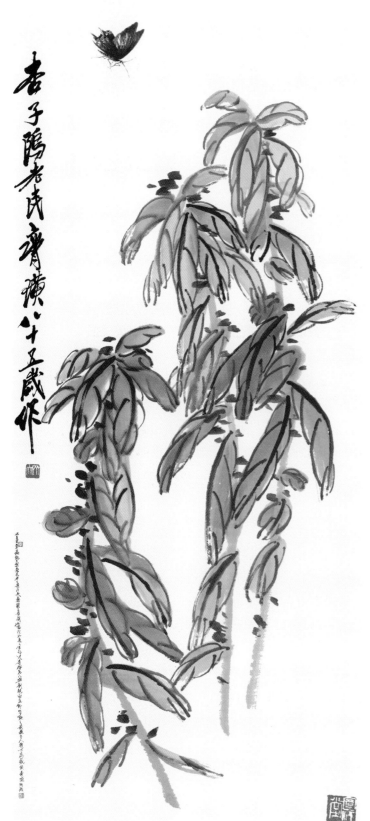

齐白石
飞蛾雁来红
85 岁
93.2cm × 40cm

一般来说不说这个，白石老人一般说这种秘方的时候都有这么一句话："我难，你不难啊！我告诉你就不难啊！"意思就是自己探讨出来的，研究出来的，他不定下了多大的功夫呢，可一句话告诉你了，你马上就会了。

再比如说在生纸上画工笔草虫，这是白石老人一大发明，别人都是用熟纸，就是加过矾的纸，画上去不洇。德亮不也画工笔草虫吗？你跟我学的时候也问到这个问题了。

徐：是啊，齐派的草虫画得小，讲究画得极精细，可是用生宣纸，水多一点就洇了，水少又拉不开笔，画不了这么细。

李：当时我父亲跟齐老先生学画也问到这个问题了，虽然熟纸上画工笔草虫笔不洇，但是画出来有时候觉得浮。白石老人用生纸画，这个墨，颜色都沉下去了，一旦托裱，空间感、立体感特强。可是你在生宣纸上画的时候洇，尤其蝈蝈须，一洇，成绒线了；不洇，成铁丝了；加点胶水倒是不洇，拉不开笔了。蝈蝈的须也是从根部到梢部慢慢地细下来的，所以这个挺不容易画的。这怎么办？我父亲问老师这是怎么画的，白石老人又把秘方告诉他了，淡墨加什么什么，当场一试就不洇了。

这个秘方我告诉德亮了，暂且保密，因为现在什么都讲专利，谁要要，我也可以告诉他，多少钱面议。哈哈，当然这是说着玩。我们不保守。

当然我父亲虽然会了这些技法，但是我父亲一辈子不画工笔草虫。

徐：为什么呢？

李：过去来说，你画的跟你老师完全一样，那有"戗行"的意思。有的师兄弟有时候还这样呢，他画牡丹多了，我躲着点，或者风格变异一些。这也不是谁规定的，就算是一种行业美德吧。

徐：相声里也是这样，都是传统相声，都可以说，也都会说，这段儿人家说得好，有特色，我就少说这段，或者不说了，要不然都给人糟蹋了。

李：白石老人确实不保守，只要觉得你有发展，是个人才，一些绝招他

齐白石　贝叶蜻蜓蚱蜢　86 岁　96cm×34.6cm

16

都不保守，甚至专门为你当场表演。比如说国画里边梅兰竹菊四君子，属兰、竹最难，最见功夫。写意画是写出来的，不是描出来的，讲究书法功底，叫"一世兰，半世竹"，有人一辈子画兰花，半辈子画竹子，都不一定画得好。兰、竹画得好当以郑板桥为代表。我父亲问："老师，兰花应该怎么画才好？"白石老人说："拿过一张纸来。"他自己那个商品画先放在一边，把这张白纸铺上，压上镇纸，"你看，一笔，二笔，像条鱼，三笔要破它，在画谱上，叫一鱼尾二凤眼，就像凤凰眼似的，再选个合适的地方加点兰花，5个瓣，两瓣要聚，再一瓣，还有两瓣要平，平的出去，像乌纱帽那个帽翅"。这你问王铁成去。

徐：著名影视表演艺术家，演周总理的那个老演员，他跟书画界还有曲艺界都特别熟。

李：对，他最懂兰花，谈兰花能谈一上午谈不完。这兰花也真有一个品种叫"纱帽翅"，那是名种，两瓣抻出去，抻挺长。但是确实这么画更美，当时就画，因为怎么用笔，这个语言表述不了，就得实际上画给你看。

这个示范教学是齐派和徐悲鸿这派相当重要的。我父亲说，当画家就好比蒸馒头，蒸得了，中间点一个红点，搁一个细瓷盘里，小姑娘端出来请您吃，这是画家。我们当教书匠的、教画画的不能这么做，得带着学生进面库里挑，什么面是压馄饨皮的面，什么面是包饺子的面，什么面是蒸馒头的面，和二斤面，多少面搁多少水，不然的话和稀了加面，干了再加水，能和出四斤来。和了面以后怎么揉，揉完面以后往里搁面肥，面肥也得匀了，屋里得热乎点，实在不行弄盘热水放在旁边，蒙上湿布，多少时候以后看看，一掐，面有蜂窝，每个人尝尝酸头，再往里铺碱水。揉得不匀不行，要不然蒸出来带黄点儿的，自己家里吃行，卖可没人要，人家嚼着发涩。现在说的话就是酸碱中和，产生盐和水，自己还冒出点儿水，这也得算计进去。做好了以后到一定时候再放在案板上搋成大剂子，两头切下去，看好了，这个刀看准了，"当当当"一切，一般大，蒸出来差不多2两。切得老少三辈，蒸出来自己吃行，卖没有人要。那时候馒头往往是送礼的东西。

徐：那时候馒头是送礼的？

李：是啊，那时候生活水平不是现在这样。送馒头，那是送礼的，弄个小篮子盖块红布。说天天吃馒头、米饭，那是现在。有历史记载以来，中国人一直都是穷的时候多。

上笼屉，你搁太紧了，倒是省火了，都粘上了，掉皮，这送礼不吉利不能送，你自己家留着吃。离得太疏了，倒是不粘了，费火！得行距多少，株距多少……当然搁笼屉之前先得把笼屉布弄湿了，不然沾馒头皮，也没有人要。笼火怎么笼，到什么火候才能掀笼屉，不能说中间我看看，一撒气麻烦了，蒸出来的馒头不是圆的，这一边半身不遂，不好看，也没有人买，自己家留着切片吃吧。掀笼屉怎么掀，哪儿点红点，这个全过程都得让学生看，这是我们教画画的教书匠要做的。全过程要真讲应该更细，我蒸馒头蒸不好所以我说不细致，但是要说教画画得倾囊相授。白石老人、徐悲鸿院长和我父亲苦禅老人都是这么教学生的。

当然前提还得看水平够不够，像德亮你这样水平够的，我教，我值当跟你废话。有的真不行，拿来一看真是瞎画了好几年了。从负数上教，先把毛病扳过来，我还真没那本事。

白石老人对自己认为有前景的弟子真是倾囊而授，所以我父亲在上课的时候，跟朋友聊的时候，可以说，谈到齐老先生的事情是最多的，要不怎么我知道这么多呢。我父亲爱说，我爱听，而且我在这方面记性还特别好。

徐：我还看过一个资料，这个资料还说得有鼻子有眼，还就说的是您的父亲，说李苦禅说："我的老师画蝉的时候，前边都让我看，一到画翅膀的时候就把我支出去办什么事去，不让看，等回来这个蝉的翅膀就画好了，是好几层透亮的。"反正我看过这么一个资料，这个肯定也不太对吧？

李：说得一点根据没有。我父亲知道白石老人怎么画工笔草虫，白石老人把他那套技法也都告诉我父亲了，我父亲会画，但是到现在为止我没有发现我父亲的作品里有一张工笔草虫。刚才说了，我父亲苦禅老人生前很注意这个画德，说医有医德，官有官德，画有画德，老师什么都教给你了，你不能戗老师的行。而且老师又告诉你"学我者生，似我者死"，你完

李燕聊齐白石

英雄名士气先知各自因缘事少时今日相逢才晓得红衣牛背雨丝丝
老岂仁弟勉之青女史同正壬辰夏之月九十二岁白石老人画于京华城西铁屋

齐白石

红衣牛背雨<u>丝丝</u>

92 岁

151.5cm × 56.5cm

全跟我一样，你的艺术生命就死了，你得学我的心，创自家的风貌，才有你的艺术生命。我父亲在年轻的时候得到白石老人最高的评价是什么，"余门下弟子众矣，人也学我手，英（李苦禅原名李英杰，改名英）也夺我心"。你夺了我的心了，这个"夺"字我父亲特别地欣慰。

有人一辈子就没有脱开白石老人的稿子，结果等他去世了，美术界就有定评了，说他整中了齐白石的那一半话："似我者死。"曲艺界的老艺人都说过六个字："死学谁，学死谁。"你学别人一个段子，到你说出自己的风格才是你的。你毕竟不是录音机。

所以当代著名画家王为政，跟我差不多岁数，也是我父亲学生辈的画家，他曾经问过我父亲："您作为白石老人登堂入室大弟子，您的画和白石老人的画最主要的区别在哪儿？"我父亲很简洁地回答，说："我老师的材料我没有，我的材料老师没有。"这主要是指的题材。我父亲苦禅老人要寻找出自己的一个路子，相当重要的就是取材，题材很重要。如果他也光画虾、蟹、蛙、蝌蚪，画不过白石老人。就跟画毛驴似的，我敢说五十年之内不会有人超过黄胄了。这就叫"最高艺术形象的自然垄断性"，不是靠权和钱垄断的，就是通过最高权威——群众的检验认定了，他的虾是最好的。你要是死学齐先生，画得不像人家会说，"你这还得用功，你这不像白石老人的虾"，画得像了人家说，"你这个虾可进步了，你这个虾画得跟齐先生差不多了"，就拿他当样板了。什么是样板？自然形成的是真样板，有人自封样板，那叫无耻。

徐：还回到白石老人不保守的问题，您说他把技法什么的都当着您父亲展示出来，那就不怕外面出现假画之类的？

李：首先他老人家的心眼特别的好，他对人不会往坏处想，是很善良的这么一位长者。技法，那是指着吃饭的，包括秘密配方还有特殊的笔法，按说应该是不传。过去有一句话叫做"教会徒弟饿死师父"。但是白石老人收徒弟非常注重看徒弟的人格，认准了你的人格，他真教。不过他也有看走眼的时候，门下也有人学了几招之后就造他的假画，有那么七八分像的。

徐：那是，又是他的徒弟，平时老看着他的画，当然能造假。

李：造了假之后在国内不敢卖，国内毕竟是行家多，拿到日本卖去，因为白石老人首先是在日本出的名，是陈师曾先生把他的画拿到日本展览，在国内卖不了几块钱的画到那儿居然最高价钱卖到了二百多块。白石老人当时都不敢相信自己的耳朵，后来陈师曾先生回来，如数交给白石老人，这白石老人才有钱买的跨车胡同这个居所。现在我跟我师爷等于在一条街上了，我住南沙沟，中间的房屋建筑已经"旧城改造"都拆了，幸而这个故居没拆还留着。所以他一辈子感谢陈师曾先生。

这个学生造假画拿到东京去卖能卖到上百块钱，消息传回来了，白石老人自己觉得很伤心，好好地教学生，居然教出这种人！实在是有悖师恩的。

徐：这个是民国时候的事吗？

李：对，是民国时候的事，白石老人虽然是生在清代，但是能够出名这段时间都是在民国时代一直到建国后，1957年去世之前。

他很感慨，见到我父亲的时候就说，苦禅你学我也挺像的，但是你一张也不跟我完全一样。

我父亲学会了白石老人的虾，一般不画。有人给我拿过来一张他早年画的虾来看，那是我父亲教学时候用的，但是题的款都是自己的款，绝对不会伪造款。那个时候我父亲还不出名，还穷呢，但是绝对不会造白石老人的画卖。白石老人挺感动的，就写了一首诗赠送给我父亲，大意就是说现在我的假画多到什么程度，甚至可以拿着担子挑着卖了，还加小注，跟古书一样；他说我有门下人仅得皮毛，贩于东京可得百金。最重要的是那两句话："苦禅学吾不似吾……苦禅不为真吾徒。"就是李苦禅不干这种事情，你是我真正的徒弟！有这么一首诗。

书法写得也好，原件大概是一尺来宽，三尺来长。那篇书法浓淡墨写得好极了，一看就是包含着一种师生感情写的。但是由于我父亲在参加抗日活动，为了救国居无定所，这张字就丢了。丢了多少年之后，辗转出现在香港市场上了，我托人把它买回来，还是回到了我们家。可惜这个时候我的父亲已经故世了，没有看到。

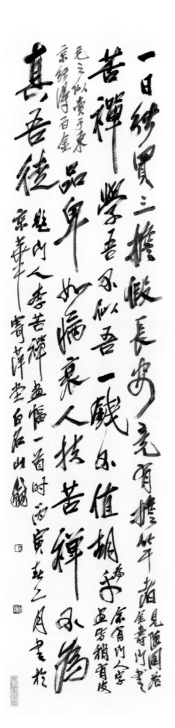

齐白石书法："一日能买三担假"

释文：一日能买三担假，长安竟有担竿者。（见随园答金寿所书）苦禅学吾不似吾，一钱不值胡为乎？（余有门人字画皆稍有皮毛之似，卖于东京能得百金）品卑如病衰人扶，苦禅不为真吾徒。题门人李苦禅画幅一首，时丙寅春二月书于京华寄萍堂，白石山翁。

徐：这实在是太遗憾了。

李：但是他生前也看了一眼，有一个收藏者是国内的，拿来给我父亲看。我父亲以为要送给自己呢。因为我父亲给他画了很多张画，有四尺中堂什么的，都是白给他画的。我父亲这一辈子也是把来人都当好人，要不有一次我的国学老师包于轨先生跟我说："你回去告诉苦禅，我对他有意见，你告诉他，别把长两条腿的都当人！"我父亲一辈子就是这么个人。你想，给他画了这么多的画，一瞧着他拿了这么一张当初齐老师赠自己的诗来，以为是要回赠呢。结果没有回赠，又拿走了。

徐：敢情就是让他鉴定鉴定而已。

李：合着鉴定也是白鉴定了。我记得那一整天我父亲都不爱说话，自己跟自己生闷气。

辗转多少年之后，这位来了个"亮宝"，连我父亲画的那些画再加上他收藏的其他一些画办了一个展览。这一亮宝麻烦了，过些日子他的那些东西，都让贼连锅端了，一个纸毛儿没剩。这事还登了报了，这我才知道。这是不是报应我不知道。

徐：北京话叫狼叼了喂狗。

李：之后据说那位大病不起，东西也都不知道哪儿去了。又多少年以后，这张字出现在香港市场上了，这就是缘分，我请别人把它买回来了，所以现在这件东西还在我这里存着。

徐：当时写这个字的时候您父亲知道吗？

李：知道啊，当着他的面写送给我父亲的。

徐：是从您家丢出去的，那位又收着了。

李：因为老人一参加地下革命工作就居无定所，所以他这一辈子丢的东西多了。说回到白石老人，从教没良心的徒弟这一件事情上就看出来了，白石老人真的是太善良了，善良的人就是容易轻信于别人。马克思的女婿拉法克给马克思出了一个问题,说:"人都有缺点,那么你说说在这个世界上最值得原谅的缺点是什么?"马克思说就是"轻信"二字。因为这个世界上犯轻信错误的人太多了,但是好人的缺点往往是在轻信上。

徐:拿谁都当好人。

李:对,拿谁都当好人!白石老人也是经常犯这个错。这个以后还有得谈,因为轻信人,让人蒙得一愣一愣的,以后咱们再聊白石老人怎么被蒙被骗的事。

谁是"大匠"？鲁班爷

白石老人说自己就是『大匠之门』。谁是『大匠』？鲁班爷。哪一行都有祖师爷，木匠的祖师爷就是鲁班爷。

徐：齐老先生，最初大家都知道他是做木匠的。

李：白石老人这个木匠，咱们得说清楚了。这个木匠分不同档次，一般有的粗木匠，咱们做一个小板凳，你给我打一个立柜，一般民用的，现在看非常粗的仅讲实用的，并不讲多高的艺术，那都是粗木匠做的。但是那也不容易，过去讲究学徒学到一定程度，你先给我做一个板凳，大家都知道中国这家具都是隼铆结构，一个钉子不许加。做完之后师傅拿来，不看，直接给扔出一丈多远去，给我捡回来，捡回来隼铆还挺结实，怎么证明？坐在地上嘎悠，还是那么结实，这才算做得不错。小板凳做好以后才能做大板凳，其他的再说了。

白石老人的这个木匠，他不是这个粗木匠，但是开始学徒的时候也有这个经历。一般的木匠挣不多，那个时候这种手艺真是不值钱，为生计所逼，必须要提高自己的收入和社会地位。况且白石老人那时候还是小年轻的，他对自己的要求挺高，艺术的兴趣决定了他想当高级的木匠——在北京叫"小器作"——做一些东西，实际上就是等于一种特殊的工艺美术品。这在北京是分得很清楚的，说人家是做"小器作"，那就不是粗木匠。您给我做一个多宝格啊，要紫檀的，粗木匠不敢揽这个活儿。

徐：或者做一个什么什么托儿，什么香炉的座儿。

李：对，这都有规制、有要求的。这不是一般的木匠敢接的，你要是做坏了，人家的料你赔得起吗？不但不能做坏了，还得善于使用这个料，做得巧妙。还有的上面有漆活，有雕工。白石老人年轻的时候，大户人家家里的架子床特别讲究。架子床大概现在可以在拍卖市场看到的，这个床上头整个都是那些木雕、装饰、花菱格，那个简直是不知道多少样式，那不是一般的木匠能够攒得起来的，都是隼铆结构。尤其是有的很规整的那种，可以讲你这边差一丝，那边就差一毫，那差一毫这就差一厘，最后你根本就拼不起来了。那时候又没有现在电脑的工具，说您来一个3D。说实在的，3D做出来的可不值钱，人家懂行的一看你这个是机器活或者手工活，行家一眼就看得出来。要不现在电视介绍珠宝钻翠让德亮你去，你看多了，塑料珍珠拿你那儿唬去，你要是看走了眼等于是唬群众了。

徐：架子床我多聊一句，我在高碑店那些卖木头的地方看见过，老的架子床，雕花的，当然不是什么太好的木头，在头两年一个床卖几千块钱，万来块钱，在农村过去收上来的。有人让我看这个是不是真的，我说准是真的，要给你几千块钱做新的可做不下来。虽然不是好木头，但是整个床帮上全是戏出儿，刻的都是高浮雕和透雕的人物，几千块钱现在连工钱都不够，必然是老的收上来的。

李：白石老人那时候就学这雕工，整一个架子床结构不用说了，他有基础，这个粗木匠实际上也是木工的基础。

徐：他也是先学的粗木匠？

李：对，你先得给我做一个床是不是？床睡上去嘎嘎吱吱的这不行，床先得结实，尤其睡觉有打梦拳的，睡觉不老实的，床得结实，在结实的前提之下合理地安排上面的木雕。有的地方是浅浮雕，有的是高浮雕，还有地方有点类似于透雕。有些传统戏出儿，《三国》什么的，这些著名的故事，那都得有讲究。还有一些有什么仁义礼智信这些内容的情节，这个就比较难了。雕完的不算，底下还得打底子，上漆，最后还得贴金，金箔往上贴。贴金箔是一个特别的技术，贴不好金箔全刷地上了，那可是真金子，假金子打不了金箔，就得省，一下刷上去利索极了。就这一整套工艺可以讲白石老人都经历过，所以这个对于他以后的艺术生涯是起到非常重要的作用。

咱们这么说吧，过去讲练拳，师父教徒弟，架式先不教你，就给我站桩去，有的都站不耐烦了，意思是师父你好歹教俩架式，师父一句话不说，

李
燕
聊
齐
白
石

28

趁你站桩的时候拿手指头一捅，一捅一趔趄，"站着去！你脚底下没根你练什么啊？你架式好看拍电影行了，真要是跟人家打，底下一扫堂腿，你来一大仰巴脚子，你有辱师门！"所以中国传统什么都讲究基本功，基本功不好看，但是这是必要的，好看的在后面。所以齐老先生自己对自己的木匠经历非常地自豪，并不因为自己后来出名了，当了画家了就羞于提这段。他又不是朱元璋，因为自己当过和尚，谁提"秃"他就杀谁，他不是那种人。他自己对这段经历感觉非常自豪。

徐：所以他有一方印章叫"大匠之门"嘛！

李：对，德亮学画没白学。白石老人说自己就是"大匠之门"。谁是"大匠"？鲁班爷。哪一行都有祖师爷，木匠的祖师爷就是鲁班爷。咱中国各行各业都有祖师爷，画匠的祖师爷是吴道子，梨园唱戏的祖师爷是唐明皇，光祖师爷就能写一本书。为什么中国人要提倡祖师爷呢？他能增加你的敬业精神，说到底他是不是第一个木匠难以考察，但所有的木匠都认为自己是鲁班爷的徒子徒孙。白石老人自己刻一方大印，"大匠之门"，而且不只一方。还有一方印叫"木人"，我就是干木工的这么一个人，很直白，当然印文是"木人"的章也不只一方。所以我觉得他的这段经历，对他一生的艺术思想，还有刻苦奋斗的精神起到的作用，是使他受益终身的。

徐：现在还有齐先生刻的木工的东西传世吗？

李：有，在他成名之后有人到他家乡找，能找到，但是很费劲，毕竟那时候他是无名之士。

徐：而且也不好鉴定吧，说这床这花就是齐先生刻的。

李：不好鉴定，因为那个时期他这个艺术不是孤立存在的，都是受当时的地方风俗习惯影响。如果你就像现在，有的瞎创新，七楞八角，没人买呀！是不是？人家那时候就出样定，我要什么什么样的，二龙戏珠、龙凤呈祥，人家有格式，你得照着人家的格式做。所以他做的这些木雕产品就不免有的和别人的相近。个别的是在隐蔽处有他的记号，当然现在有人知道

齐白石款竹根雕

这个了，就把别人做的床也在隐蔽处来这么一个记号。反正什么东西只要一值钱，就有造假了。

白石老人不光在实用的用品上有木雕，还有单独的竹雕和木雕艺术品。曾经有有心人在大家还没有意识到这个价值的时候，到他的老家收集过相当大一批，送到我这儿来，可惜现在你看不到了，因为咱们经过专家各方面的鉴定以后赶快还给人家了，丢一件咱赔不起。

徐：这是什么时候的事？
李：就是前三年。

徐：齐先生的家乡湘潭？
李：就在湘潭杏子坞那个地方的附近收集的。

徐：收集什么东西？
李：有竹根雕、老渔翁什么的，还有一些传说中的人物。另有一批印章上头有雕钮儿，很生动！拿来以后请侯一民先生、李松先生、刘曦林先生、刘铁宝先生等等来看。大家都很惊讶，就觉得这个人物形象我们看着似曾相识，跟齐先生的人物画里的好多形象很接近，那种拙劲儿，那种朴拙之美，得有生活才能做出来。这些东西上面绝大部分没有款，有款的还很麻烦，是后造的。比如说那个时候刻个"阿芝"可能是他，上面刻"齐白石"，这就不合适了。

徐：他那会儿还没有这个名儿呢。
李：没有。不能刻这个。"阿芝"是他的小名还有可能。再说那时候木匠地位低贱，不能随便刻名字，人家要是发现给你退回去了，说：你算老几！

徐：这也能理解，你一个普通的木匠，人自家的床上刻你的名，人家当然不准。
李：对，要是说这床乾隆皇上给题个字，那就不敢睡觉了，就得供着了。

在等级社会就得这样。所以有时候弄得真假不分。后来我们得出结论,现在暂且不要说定它们假,至少白石老人是在这样一种人文环境中长大的,这些东西都很有特殊的历史价值和艺术价值,因此都有收藏和研究价值。

徐: 这些东西够年头没有问题。
李: 对。

徐: 但是不一定都是他的。
李: 我给人家鉴定,人家还送我一件,看这个竹雕的佛手,就是那个时代的。别的还有带款的,我说不要,我宁可要没款的。一会儿你可以仔细欣赏欣赏,竹子雕的,可谁来谁都认为是真佛手。我说真佛手我这儿有,盆里有,你看它能长这么大吗? 那个雕工之细、质感之强,太好了。当时还拿来白石老人年轻时代的几批篆刻,印上头刻的钮、草虫,雕得那叫精啊!

徐: 白石老人篆刻的钮也是他刻的?
李: 他雕钮,我们家还留着一方是真的,是他老人家送给我父亲的。上面雕着三腿金蟾,金蟾在民间传说中,不是说拍一下就口吐金钱吗? 玉皇大帝赐给刘海大仙的,所以画里老有刘海戏金蟾呀。我父亲名字里有一个"禅"字,跟这个同音,白石老人觉得我父亲,自己的大弟子,老是穷,就制了那么一个钮,把这个印送给他。这方印还在我这里,我父亲至少从1930年就用。

徐: 这个印是什么料的?
李: 是很一般的章料,白石老人手里可没有什么田黄之类的贵重石料。不像吴昌硕,吴昌硕是"劣石不刻",在家里有告示,上不了档次的石头他不刻。

徐: 给多少钱都不刻?
李: 不刻。白石老人不一样,他什么石都刻,而且大部分都是一般的石章料,老寿山、老青田什么的,当时不贵,这些年炒贵了。

齐白石赠李苦禅金蟾钮印章："李氏苦禅"

徐: 给您父亲刻的这个是什么印文?

李: 印文就是"李氏苦禅",四个字,旁边有边款:"白石"。还有一对印,这个印是浅浮雕,四面,上边还有一个面等于是五面,白石老人整个把道教传下来的《五岳真形图》给摹刻到这上头了。

徐: 五岳的神仙?

李: 不是,《真形图》,乍一看像一种符号,一般人都不认得。到泰山下头的岱庙,里面有一个石碑,上面就刻有这五种形状,底下还有一些文字,这碑是国家文物。好些人认为这个是宗教符号,一说古人就把封建迷信联系在一起,怎么不往好处想呢? 后来人家还是外国的学者研究出来了,佩服透了。人家说这是什么? 在世界地理勘测学方面,这是中国人最早发明的,叫"等海拔高度的截面俯瞰图"。就是在上面,从卫星上往下看山,山的形状容易混;进了山就更不用说了,未必出得来。现在好多驴友进山出不来了,每年都有发生。那么怎么把这个山的形状感受出来呢? 采取截面,就好像给山平面削一块,形成的形状,把它画出来就代表这个山。进山的

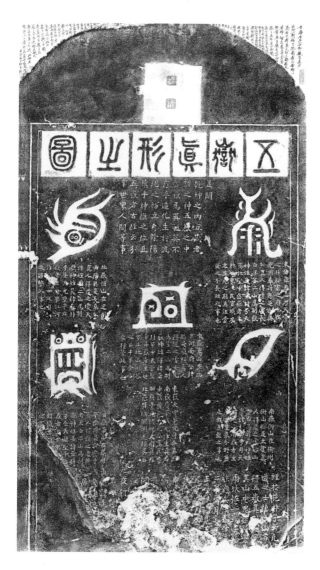

齐白石赠李苦禅印章

《五岳真形图》拓片

时候就好找了,是等海拔的,好找道儿,是不是?

　　古人有这种智慧。咱们自己就老往"封建迷信"上解释,人家外国学者解释出来了,说:"太佩服你们中国人了,在当时的历史条件下,又没有卫星,又没有航拍,是通过什么方式勘测出来的,画出来的?"现在也没人说清楚,甚至连我说到的这些大概多数人都没听到过吧!

徐：这个是齐先生照古书摹刻的？

李：就是照着岱庙的一个大的石碑上的雕刻《五岳真形图》，把它缩小。这一对章料是老寿山料，四面是四岳，上边是泰山，整是五岳。浅浮雕，浅浮雕可比透雕还难，现在叫"薄意雕"，就是浅浮雕。好料子不能够玲珑剔透，玲珑剔透都是把伤给挖下去留下好的。好料子都得是薄意浮雕，很浅。你想给你一块很好的石料，你雕完以后分量上不能损失太多呀！二两的料雕完剩一两了，行吗？

徐：那肯定不行，现在好章料都按克数卖钱了。

李：这对印章一个是"李英之印"的印文，一个是"苦禅"二字印文。白石老人一共送了我父亲一大一小两对，但是这对刻着《五岳真形图》的最宝贵，旁边有边款"白石"二字。如果年轻时候没有雕刻的工夫他干不了这个。

从他老家拿来的100多方印章里面相当一部分就是印钮有雕工，太精了，太好了。但是遗憾的是后面的人造的假边款，年代什么的都不对。现在造假的都学问很差，过去老年间造假的学问高得很，不会犯这种硬伤，年代错误是低级错误。但是章本身是真的，我都给拓下来了，拓一身汗。每一面我也都给高清晰照下来了。我觉得这些东西先别随便定真假，先看它的艺术性高不高，这也是白石老人的精神。白石老人一生从来不管鉴定，你拿什么古画给他看，他只是仔细看，研究。看一张古人的画不容易，白石老人哪有现在条件好？进首都博物馆也不买票，到那儿就能看真迹，白石老人没有这个环境。谁拿给他看石涛："好不好？""好，好啊，好啊，笔墨好。"仔细看，看得都不说话了，他整个身心都看进去了。介绍这画的人一般都是有目的来的，"您的意思呢？"就是你收不收？买不买？齐先生说："买不起啊！"真是买不起。那时候这类画也不便宜。

徐：他说买不起，是说看出假来了还是真买不起？

李：第一，他就是真买不起；第二，他不收藏。

徐：齐先生不收藏？

李：对，不收藏古画。

徐：一般画家都收藏啊，画画的谁不喜欢名家真迹？

李：他不。可以这样讲，我觉得，第一他是实事求是，本人是画家不是鉴定家，不参与鉴定。第二他真是买不起。他看得上眼的八大、石涛，那时候都得拿条子买，大洋也行，只要拿得动，要不就给开支票，还得是花旗银行的，中央银行都靠不住。白石老人没有那么强的购买力，南北两地等他吃饭的多少口人呢？他的画当年卖得也很便宜，而且他也不会包装自己，炒作自己，更不会拉关系。

在这方面大千先生是近代我所知道的最善于社交卖画的画家，他是专门结交达官贵人的。大千先生跟我父亲也是朋友，同年生，同年去世，但是人生观、价值观不一样。他讲了一段心里话，说："苦禅，你得结交点科长以上的这些官，你没有这些结交，你的鸟就是画得喳喳叫，能从画里飞出来，也没有用。"这话说得挺实际的。

他结交达官贵人。当时讲展览会一开，说谁谁"满堂红"，什么意思你知道吗？整个展馆里的展品底下，大部分或者至少一半都贴了红条了。

徐：什么叫贴红条？什么意思？

李：比如说红条写着"徐德亮订"。这就是展览完了以后您把银子一交这画就是您的了。还有的贴两张条，比如说"李燕加订"，我又看上了，又订了，就是按照这个稿子再给我来一张。有的还贴四个条。一般来说这个展览要是三分之一贴条子了，大家就都"祝贺祝贺了"。这不但连租金、成本什么这些都收回来了，还能挣钱。好多画家就是靠卖画生活。

徐：过去展览就是直接可以买的？

李：都是卖的，就是得等展览完了你再来取，你当时取走了展览就没画了。那会儿展览的时间不长，租费了不得。你在"扭脖落枕小旮旯"搞一个展览，租费倒便宜，谁看啊？现在更没人租那种地方了，连停车位都没有了。张大千厉害，场场是"满堂红"，还加订。

徐："满堂红"就是每张画都订出去了。

李：一般来说就是一半就可以了，大家就"满堂红，满堂红"地祝贺了。

徐：一进去满眼望去都是红。

李：对，也是吉利话，没有那么书呆子的，"您这今儿不够满堂红啊，有两张没订出去"。这不招人讨厌吗？张大千可不然，真正是"满堂红"，还带加订的。他有时候通过张群请人，张群在台湾活得岁数挺大，那是张大千在台湾摩耶精舍的常客，三张，一个是他，一个是张学良，都是常到张大千先生那去的。你想他把这个事拜托张群，张群的地位可了不得，那是蒋介石左膀右臂的人物。他委托他的秘书往下发帖子，不说别的，一看信封您就得明白不能不捧场。去了参加开幕式不是白去，你得贴一个红条，这厉害了。谁下的帖子，你能不给面子吗？张大千做得到。

白石老人在这个事上也是一门儿不门儿，谁来，什么官，都闹不清楚。您就是刻印，叫什么名字？给写一下。不认得的人的图章往往他不刻，这挣不着多少钱，往往由弟子奏刀代笔。像他的得意弟子刘冰庵先生，我师叔，来白石老人家，每次都问："老师，有活儿吗？"老师一指窗台上的木头盒。刘师叔拿来，拿一个小板凳到白石画屋外面的台阶坐，齐派治印不用印床子，蹲在那儿，左手攥着，右手单刀冲刀，弟子代笔奏刀。那也挣不着钱。

徐：他挣不着钱大概是得多少钱？按照现在的购买力来说。

李：这有资料可查，我现在说不好。因为我在数字上老是记忆力非常差，要不小时候数学老不好，才奔画上来呢。

徐：那比他的画呢？

李：便宜多了。

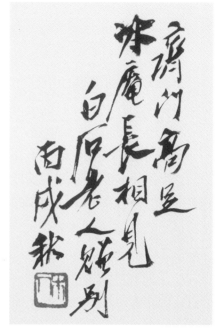

齐白石与刘冰庵合影

徐：他的画不就不是很贵？

李：画就不怎么贵，所以图章就更便宜。"文化大革命"的时候，江青批齐白石，查出来他给宋美龄刻过。后来我父亲都说了，老师不订报纸，"蒋宋美龄"是谁他都不知道。另外接着这个活儿的时候可能就根本不是他本人接的，旁边有师母接活，师母是使女出身，也未必知道蒋宋美龄是谁。还有旁边有一个太监老尹，他只知道皇上，就是没进得了皇宫。清朝一灭亡，太监，除非是红太监，家里有财产，有好多人认太监干亲，他有好处。像这种小太监还没有来得及进宫呢，也没有偷出什么宝贝来，这都没有人理，家里也不认，白石老人收留了他，他一辈子效忠白石老人，见面还是太监的腔儿："老爷子，苦禅来了。"有时候有些活儿就是他们接的，他更不知道谁是"蒋宋美龄"，只知道接一件活儿，就多让老爷子挣一点儿钱。

世人只知余画虾，冤哉！

有一次我父亲去看白石老人画虾，画完了，上面题的什么字呢？『世人只知余画虾，冤哉！』世界上人的就知道我会画虾，太冤枉我了！后来我父亲看了直乐，白石老人也知道我父亲乐什么。

李：今天咱们聊白石老人哪一段儿？

徐：我这个题目有一点儿俗，白石老人画虾。都知道白石老人画虾好，一节一节都分得清楚，小孩都知道，但是很多人不太明白它到底好在哪儿？这个虾是从哪过来的，以前人就没有这么画虾的吗？

李：说起画虾这个题材，在中国传统绘画中可以说古已有之，不是从白石老先生开始的，我们从现在传世的宋画还有明朝的画当中也可以看到有虾，但是虾不作为主体，往往是底下画几条鱼，鱼旁边有小虾，不作为主体。那么作为主体来画虾应该说是白石老人一大发明，但是他也不是说一下子就创造出来的，有一个过程。

首先他对他儿时的生活非常的熟悉，这个有很大的关系。在他住的那个地方，往往都是背靠着一个小山丘，前面是挖的水塘。咱们都看到过毛主席的故居，你到白石老人的故居看也是那个格式，几乎家家都是那个格式。但是那个山有大有小，水塘里面就养鱼，有虾，还有螺蛳，还有水牛。水牛，不像北方的牛，毛怕干，一会儿进去泡一泡。白石老人小的时候也放牛，一放牛外婆就非常地担心，那么点儿的小孩子放牛，一晚点儿回来就担心。后来就给牛的脖子上系一个铃铛，这样的话人还没有回来铃铛声就传回来了，那个时候的地方不像咱们现在有这么多的汽车噪音。"祖母闻铃心始欢"，他的诗里有这个，还画过这么一张画。

徐：那会儿他就已经画虾了？

李：在农村生活中，有的时候看到水塘里面的小鱼、蝌蚪和虾，所以其实在他早期的绘画里面偶尔地也出现虾，可是不显眼，也感觉不到有多美，只是说他的生活体验的一个小小的记录而已。

后来他将近60岁的时候到京城，又想起来画虾，试图把它作为主体。这一张画上全是虾，画出来之后挂在屋子里面。白石老人他有一个好处就是他特别地虚心，他自己没有学历，就觉得自己应该处处地多学多问多听人家的主意。他是真诚地虚心，如果不是真诚地虚心，人人进来一评这个画，不爱听了，就带着脸色给人看，那谁还多嘴？他不是，谁到他的画室，有一个什么样的氛围呢？就是言论自由、评论自由，有说好的也有批评的。他乐意听，听得还很仔细，甚至还有记录。当时画这个虾就挂在墙上，我父亲作为他的得意弟子，把白石老人作为自己的父亲看，一进门就聊天。白石老人也爱听我父亲聊天，所以说话也就比较随便。那天正好看见，老师画了一墙好几张都是虾，白石老人就说："苦禅，看看我这个虾怎么样？"他能问学生这种话，就说明这个老师特别地谦虚。我父亲说："老师，这些虾，学生我觉得好则好矣，只是小了点儿，有一点像蝲蝲蛄。""蝲蝲蛄"是老北京话，就是蝼蛄，专吃麦子根，是害虫，现在用农药已经看不见了。

徐：这个蝲蝲蛄，齐老先生的工细草虫里还画过，我都没见过真的。

李：过去我小的时候很容易看到，街上有路灯，那时候路灯少，这个蝲蝲蛄围着路灯绕，飞着飞着掉地上了，下面有癞蛤蟆张着嘴等着，一下子就叼走了。我们小孩子看热闹就看这个，那个就是蝲蝲蛄，现在看不见了。

徐：那会儿的地也都是土地吧，要是柏油路蛤蟆怎么过来？

李：那时候看蛤蟆不算新鲜，这会儿找不到了。

白石老人当时就说了，别人也说我画得小，可见别人也提了这么一个感觉。后来我父亲说老师这不难，外面有卖对虾的，您可以看看。这个对虾为什么叫做"对虾"，不是说一公一母一对。往往是大个儿的母虾渔民不往岸上拉，尤其是有个儿大的，一只虾一斤或者是一斤半的不算什么。

徐：那是龙虾了。

李：不是，就是渤海湾这一块儿的，它也叫大虾，大虾还不出国的，就是在渤海湾里转一圈，你这辈子没有逮到又转了一圈。这个够一斤的虾在海上渔民就把它煮了就着白酒吃了，没有吃完的就扔了，不能上岸。一旦它上岸所有的虾都降了二等价！就是让你看不见，所以有这么一个规矩。当年在北京卖的时候往往就是两个虾一般大，头朝尾尾朝头，弓着腰，冬天拉的自然冰在地下冰窖那里存着，从那里买一块自然冰，搭一块毛巾，这个对虾码在上面，这么卖所以叫做对虾。实际那不是一对，是按对卖。很贵的，一般人也吃不起。不像现在冰冻的，随时去超市都可以买。

徐：几十块钱一斤。

李：价钱我还光记得我小时候的，6500块旧币一斤，就是六毛五，可是那个时候的六毛五和现在的六毛五不一样的，五分钱就能买一个大的火烧。

白石老人就真的出去看去，看了回来再画。我就说，白石老人后来画的虾是把这个河虾和对虾"杂交"成的一种虾，世界上没有这种虾。你要知道，对虾没有那两个钳子，那个叫做螯。它自卫靠着那头上的尖儿，要是在海里遇到一群虾你可就麻烦了，一群尖儿往身上一扎，是穴位不是穴位都给你来一针，遍体鳞伤，一般人是躲着它的。虾是集群冲锋，觉得你威胁到它了，一下子就扎过来了，那脑袋是尖的，尖得很，一群过来全身很多的穴位都扎到了。

徐：您说没有两个夹子是吗？

李：叫做螯吧，它跟螃蟹是近亲，都叫做"胸甲类"，没有脖子。你什么时候看见虾回头看？没有的。所以它的眼睛可以往回看，眼睛长。螃蟹眼睛也长，后面有跟踪的或者是盯梢的怎么办，眼睛出来可以往后看。这个河里面的虾带着两个螯，但是一般比较小。

有人说白石老先生画的是白洋淀的虾，那个虾个儿大，再大也没有法和对虾比，咱们北京叫做对虾，其实在海边不叫做对虾，人家出了海就吃不是按对，都是按斤，都叫大虾。现在在胶东那边上菜都是说"吃大虾"，不叫对虾。白石老人就等于把这个大虾和河沟里的虾的形象合在一起了，这个在中国写意的概念里叫做意象，以自己的意思取舍综合之后形成的形象，就是说写意。什么叫做写意，苦禅老人就讲"是用书法的笔趣写出来的意象，这种画就叫做写意画"，写意画的定义不是那么复杂。现在论写意，一论就论出好几万字的，没有那么复杂。现在连政府工作报告都是至道尚简，不简凡人记不住，至道不繁，还有一个写法是火字旁一个页字，让你听着心里烦。其实就是这么一个道理。白石老人就把这个大虾和这个河沟里的小虾合在一起了。

徐：如果画河沟里的虾为什么就不能画大了呢？

李：可以啊，这不就等于把河沟里的虾放大了么。他自己有一个水盂子，不是涮笔的，就养着虾，天天看。因为这对虾都是死的，不生动，这个水盂子里的虾是活的，你一碰还一蹦，这么观察。然后把这个虾体型放大，他有一个过程。

后来有人也挑了，说真虾是六节，怎么白石老人画的是五节？你要知道这个意象是加以改造取舍的，有时候我们平常造型里面往往会取这个奇数不会取偶数，谁规定的呢？也没有谁规定，也是约定俗成。比如说一张画里面画三只家雀，这两只挨着，另一只离得远一点，有疏有密。如果你要是非画四只不可，那边三只密点儿，这边一只单的，太轻了，还得加一点树叶。反正苦禅老人一生经常讲，除非特殊需要是偶数，画这个"富贵白头"，一对白头翁，另有别的安排，那是为祝福夫妇俩白头到老，一同富贵，其他画鸟的情况一般都是奇数。

再说，这个虾白石老人就是画了虾头之后一笔一笔地往上排，自己还念着，教学生的时候说1、2、3抬起来，再往下4、5，一拉最后一节出来了，真的是美。现在我们发现他早期画的虾是接近于写生的虾，就是六节，老人家不是不知道，而是把它舍了，觉得五节大气，好看。后来我们也实验，真画六节确实是不如五节好看，第三节高起来隆起来，就觉得那个虾能蹦。

虾往往是遇到紧急情况是蹦，平时游得慢。游是靠后面的小腿游，前面的长腿是干什么的？那个是在底下沙子着陆的时候用的。那你说后面有敌人来了怎么办? 靠什么? 也没有大翅儿, 就靠一收缩一蹦出去, 靠这个, 就这种动态感特别的强。

一个是体型放大, 第二个是把这个身体减为五节, 再一个就是他用墨的方法表现出那个虾壳本身就是透亮的, 在水里更是透亮的, 这种质感可以讲是白石老人自己发明的。他教学生的时候讲这一段, 语言已经不能表达了, 就得当场看他如何用水用墨。有一些东西怎么去画, 就得是你看我怎么用笔, 我用多少水, 水得到多少, 这个没有办法讲, 说水分达到25.6%, 那不成, 这个是没有办法量化的, 是凭感觉的。用手摸一摸, 大概水分是多少。然后是在盘子里面怎么的捺墨、调墨, 或者是这个笔怎么转过来, 用哪一面着宣纸, 这个笔锋是怎么使对, 这个, 语言已经有局限性了, 如果语言文字能够全表达出这个技法来, 咱们出一本技法大伙就全成大画家了。什么叫做得真传呢。

白石老人对徒弟不保密, 讲到技法, 跟学生说看我画, 比如跟我父亲讲这个画虾, "苦禅, 看我画", 就是这么一句话。然后这个笔, 这个水盂子是干干净净的, 不是没事总是涮笔。斗笔, 沾水捋干, 然后捺墨, 在盘子里面捺到什么程度, 怎么个捺法。之后还用小水勺, 哪一个部分还浇一点儿水, 这个笔翻到什么程度, 哪面着宣纸, 一出来就是透明的感觉。而且这一笔画下来, 连头一直到身子一直画到底, 准把这点儿墨使完。白石老人画画是又省水又省墨, 不是因为使不起水, 是"惜墨如金", 过去咱们画论里面有这么一条, 就是说没有意思的没有表现力的墨不要去用。

现在有人成毛病了, 再加有一点儿名儿, 一个人画画后面恨不得三个学生给他换水。德亮在我这学画, 我让你替我换过水吗? 不是你不勤快, 是我用不着换。

白石老人惜墨如金, 尤其是画虾。特别是画虾之后还有两个螯, 那个中间是空的, 这个是老天爷造的。自行车那个管子为什么是管子不是实心的? 实心又沉还容易弯, 管状的承受力就比较强。大自然造就的就是这个, 别看那两个螯细, 那结构也是管状的, 也得透明, 还是用这个笔法写出来。

那两个眼睛呢? 虾是没有脖子的胸甲类动物, 怎么往后看呢? 那个眼睛是长棍儿，棍儿头上是眼，可是这个棍儿是从虾头里面长出来的，里面还要透明，那两笔搋浓墨之后点下去，再往里一带，就一笔，里面洇那一点儿正好是透过壳看眼睛根。所以你说要全干了再来两笔，那两个眼睛就成用502粘上的了。这个大写意不是拿大笔抹下去就是大写意了，这个细的部分真是"张飞擒严颜，粗中有细"，细的地方是很细致的，甚至是工笔画都出不来的效果。到目前为止，我看工笔画画虾没有一个人超过白石老人给我的艺术感受。

徐：我也仔细观察过齐先生的虾，这个尾巴的几节是三笔之后横过来画四五笔，现在画虾前三笔是方笔，上边都是齐的，我看齐先生的是圆笔，不齐。我想为什么不齐，仔细研究了一下，你要是看它齐的时候，是把虾拿起来平着看。可你不能在水里面，和这个虾平行的时候看它。

李：你要是飞机场看飞机，两个翅会有一个透视，同样虾后面那两个平板尾巴也是有透视关系的，所以白石老人画的时候是近处宽点远处窄点，这个虾才是侧面的；但是你看往往远处来的虾身子短了，老人家懂透视，虾如果是朝你这边游来了，身子就显短了，但你也不觉得短，因为透视关系对。

再看后面那两个尾巴怎么画的，他都很仔细很仔细地观察过。特别是他画的虾须，我到现在上课，给学生讲笔法，画虾，学生问："李老师你怎么没有画虾须啊？"我说："我可以告诉你，别看我这个岁数了，我画不了我师爷的虾须。"我认为虾须最难画，所以造齐老先生假画画虾的，到我这儿一看，我先看须。这个虾须你画得太硬像钢丝，没有生命，画得软了像棉线，他画的虾须真的是刚中有柔。

而且虾须是动态的表现，齐老先生画虾没有画水就觉得它在游。毕加索看到了白石老人的画很佩服，说中国的画家太天才了，齐白石画鱼画虾没有画水却让人感觉就在水里头，这个是中国画高的地方。那就跟我们敦煌壁画飞天的飘带是一个传统。你看西方美术出现的飞天，身上长翅膀。尤其是天使安琪儿，小胖孩挺好玩的，胖胖乎乎的，身上背着两个小肉翅。但是按常识常理，麻雀才这么小，那翅儿还老大呢，不然飞不起来。鹰要

齐白石
群虾图
1940 年
67.5cm × 33.5cm

飞, 那翼展的宽度得是它身体的多少倍才可以飞起来, 这个是咱们一种视觉常识。

　　徐: 而且人家说如果人长翅膀飞, 胸肌得是一米厚。
　　李: 对了。

　　徐: 如果按鸟的比例来说, 可不就是得一米厚。
　　李: 鸽子, 也是胸脯大, 那才能飞。所以外国人画的翅, 包括自由女神也是长翅膀, 你觉得反而飞不起来。但是在敦煌壁画里面的那些飞天——佛在那里讲法, 诸天都来听——身上一根羽毛没有, 一根翅没有, 可你觉得轻盈极了, 就是靠那个飘带和舞姿, 你觉得飞得特别地轻盈。这个是我们中国艺术高的地方, 没翅的比有翅的飞得还自由, 还美。所以我说白石老人画虾, 那个虾须就相当于咱们敦煌壁画里边的那个飞天的飘带一样。虾的动态可以讲都在那个虾须上表现出来了。

　　徐: 从远处游过来的那个急游的虾, 虾须就往后, 水的阻力就更大一点, 有那种感觉。
　　李: 不好把握, 一使劲就是钢丝了, 不使劲就是棉花线。怎么掌握这个适度的刚柔相济, 《易经》上讲 "刚柔相济" 么, 说容易但是到笔头上难。我72岁了我也得在学生面前承认我哪里不足, 如果我都足了我就是大师了, 可我不是大师。我就觉得我师爷这个虾须我画不了, 难度太大了! 这个功夫、体会, 真得深到一定程度, 才能出那么简单的几笔。

　　还有, 咱们有的人现在买虾专门是买无头虾, 就不香了, 因为虾头上出虾油, 是最香的部分。既然虾头是透明的, 那里面那部分的内容也得有, 白石老人画完了虾, 趁着没干的时候来一笔重墨在上面, 往旁边再一洇, 整是从虾壳里面透出来的虾里面那最好吃的部分。

　　徐: 虾胃。
　　李: 不管是叫什么, 反正从小就是叫做 "最好吃的一部分", 学名叫什么我到现在都不记得。就是说白石老人创造这个画的形象，由繁而简，提炼，而且每一部分都有特殊的技法，把虾最美最微妙的地方全表现出来了。那么表现出来之后到底好不好，艺术性高不高，这得请最高权威来评价。最高权威在哪儿？读者和观众是最高权威。请问谁敢成立一个评选委员会评选齐白石的画？要说京戏的丑儿的台词，"你也嘚配！"其实最权威的是广大的受众，他喜欢他就乐意买，画得不好他就不乐意买，再怎么吹，活着就是"大师"，活着就当"巨匠"，没有用。

白石老人生前就是下实工夫，从来不炒作自己，但是他的虾获得最高权威的通过了，那一阵子纷纷都来订购他的虾。有一段社会上传，白石老人善画虾，别的都忘了。白石老人自己都有一点儿生气了，我哪儿就会画虾啊？可是迫于生计，人家点虾他就得画。他的画生前卖得不贵啊！

徐：据说有这么一个传说，从我小的时候就听过，说这个齐白石的虾当时是一块大洋一只，人家说给三块半大洋给画四只，跟他砍价，结果画了一个石头挡着的半截的虾尾巴，就为了说不能画满了四只这个意思。

李：这是一种以讹传讹的传说，白石老人画画是论尺。过去这个卖画为生的，家里面贴一个告示，叫做润格。白石老人的润格可了不得，是吴昌硕大师给他写的，名人给写的润格。如今那份墨迹到了谁那儿我就不知道了。

白石老人一般是论尺，不同的画、题材，润格还不一样。比如说他发明的"红花墨叶派"，就是这个牡丹用的老姜思序的洋红，再加上某某牌的红，他自己有一个配方，在乳钵里研成的，是他的独家配方。那个颜色可贵，所以要是点牡丹呢，除了按平尺给画钱之外，还得外加一点颜料钱。他是靠这个吃饭的，你火烧和烧饼还不一样的价钱呢，因为烧饼带芝麻了。

虾不按只，是按尺卖的，但是不能说我四尺条就画一只、两只、三只，多半是画成群的虾，有疏有密。当年来买画的老是来定这个虾，都不定别的了，于是他画烦了，但是也得画，指着这个吃饭呢！有一次我父亲去看白石老人画虾，画完了，上面题的什么字呢？"世人只知余画虾，冤哉！"世界上人的就知道我会画虾，太冤枉我了！后来我父亲看了直乐，白石老人也知道我父亲乐什么。

徐：这张画还可以卖钱吗？

李：能啊！

徐：但是题了这个字还好卖么？卖画不都得题什么"游龙图"，什么"个个成龙"之类的？

李：藏画的主儿有时候还专门找这个稀罕，平常不题的词，或者题一个怪词，还真的愿意要。就跟玩邮票变体票似的，人民币有哪儿印倒了，错版，这都是收藏的热门。大家收藏的画都是题"寄萍堂老人作于京华"，我来这么一段跟你不一样。你让老先生题老先生未必再题第二张。可惜这张画真的不知道在谁手里，我到现在没有见到。

徐：那说明白石老人这个画还是好多人要，再有一个他敢这么题。人家跟我这儿买画，我只敢给人题好的，事事大吉，我不敢提我今天生病了，我不太高兴了，那就卖不出去了。

李：白石老人画上好多题大富大贵、大吉大利这些意思的字，实际上都是人家订的，为送寿礼什么用的。如寿桃，上面画一对长尾巴的鸟，名叫寿带。寿带有这么一个好名称，再有寿带也跟斑鸠、大雁、天鹅什么的是一夫一妻制，一出来就是一对，有一只被人打死了，那一只就不吃食了，这意思说你们老夫妇俩都是长寿，吉利。在上面画一对乌鸦就卖不出去了。尽管宋词里有"一片神鸦社鼓"，那是另外一个场合了，你题这不行。所以他的好些画都有这类题材，这多半是人家订的。

徐：我也见到过册页上的齐先生画的虾，特别地真，不是写意这种方法，就好像有一点类似素描的那种，小爪，包括透视关系，跟老来这种不一样，旁边题的字大概是：我照真虾这么画出来的，最后是"当不卖钱"。应该是自己留着。

李：白石老人生前有遗嘱，把他的东西捐献给国家，这些东西，台前台后的东西，都有，在北京画院保存着。这不是出了一套《齐白石全集》么，里面就有一些我们平常在外面见不到的东西。其实每一个画家自己都存着一些资料，比如说看到报上的一个翠鸟姿势很好就画下来，这个一般就不作为商品画或者是展览了，除非是教学用。

白石老人他有一些画就是题的"白石自作自存稿"或者是"自作自留稿"。为什么写这呢？就是说他有这么一个稿子，将来比如说有人来订画，"我想请老先生画一个松鹰图"。"你看这个行不行？"就这个稿子。照这个稿子还能生发出别的，所以往往看到有类似的构图，但是绝对不会说张张绝对一样。但是他过世了之后，可能有家里的亲戚卖出来了。实际上你看到这个画确实不是卖的，那就是自己留的稿子，这个应该是更贵的。

徐：大家都知道白石老人画虾画螃蟹画青蛙和蝌蚪，这个螃蟹跟前人一样不一样？

李：螃蟹跟前人也不一样。

徐：我看过当年徐渭徐青藤就画过螃蟹，但是他那墨里好像是调过胶的。

李：大不一样。古人工笔画里面，宋画和明代画里都有画螃蟹的，都是工笔画。水墨画画螃蟹的少，影响不大，更别说是唱主角了。

明朝大师级的徐文长，那个是真正的写意大师，白石老人、郑板桥、我父亲李苦禅等等都公认他是一位写意大师。他姓徐名渭字文长，号青藤山人，名号很多，我们一般称他为青藤山人。他有一张螃蟹是主体，上面稍微画两笔跟苇子似的，那个是甲级文物，在故宫陈列。那个时候生宣纸还不大盛行，生宣纸真正盛行是在明末清初，更多的是在清代到近代。徐渭那个纸不是熟纸也是熟性的，就是笔上去不洇。所以就有这个传说，好像是墨里面掺一点儿胶水出那种效果。但是我体会徐文长这个人是性情中人，来了劲儿就画，想不起来加这个水儿或那个水儿，不像现在有的画家是有"秘方三十六水儿"，咱们不知道都什么水儿。

我不是说笑话，真的有，不知道的一进画室看到那瓶瓶罐罐的，以为进错了地方了，以为是进了厨房了。我估计徐文长他那个墨是新墨，不是老墨，新墨胶性大，研出来就使。现在为什么我们画家都存墨，再好的墨得存墨，存一些年再用，胶性褪得正合适。说乾隆墨好不好？固然好，料好，

齐白石
松鹰图
178cm × 72cm

但是你存二百多年到现在，那就好用了，好得都不敢使了，谁舍得？过去都爱存墨。青藤他的境遇想必是没有存墨的雅兴，就是刚研出来的墨就这么画了，所以这整个风格来说是跟后来八大山人生纸上画的大相径庭。我们现在看徐文长传世的画大致都是这种感觉，感觉是熟纸或者是半生熟，墨不太洇，都是这样的。

白石老人这个时候都是用生纸画，他画螃蟹和画虾的笔法路数完全一样，是笔笔可见的，单摆浮搁你能数出来是多少笔，但是螃蟹壳不透明，是硬盖，三笔到四笔一排这个螃蟹壳就出来了，感觉很硬。

最妙的就是那个腿，我的国学老师包于轨先生说，齐白石这个螃蟹腿你看吧，硬壳的旁边又洇出点水儿，整像螃蟹腿长那么点儿毛，这个感觉太好了。还有一个是观察螃蟹的动态，包于轨老师说白石老人的螃蟹一看就对，螃蟹是横着爬的，可有人画成了竖着爬。为什么逮螃蟹很难的，这么走是它一个自卫方式，走Z形的，不知道往哪里跑。还有妙的就是上面两个夹子，遇到危险之后举起来，这个夹子两边有绒毛，跟泥似的，这两笔"叭叭"落上就是这么个感觉。还有那眼睛也是两笔重墨，一挑就好。还有两个小须，点一下就变活了似的，这个真的不容易。

螃蟹某种程度上比虾还难画，一只螃蟹是八条腿，两个螃蟹二八一十六，要是画三只螃蟹以上，这个腿要不乱就算本事。有的那几只螃蟹聚集在一起跟打架似的，但一点不乱，有聚有散。

最近老舍先生藏画在美术馆展览，里面有白石老人一批精品。那里面有一张，螃蟹从篓子里往外爬，外边有好多，篓子里面那只还刚爬了一半，这个很难处理的。他有生活，有高等技巧，笔笔写出来的，没有一笔是苟且出来的。这个"苟且"二字是我的师叔齐良迟常说的，他说："苦禅用笔是笔笔不苟且。"这个是他们齐门的话，就是下笔干净利落脆，稳稳当当，让人觉得不是那么的犹豫。拿起来毛笔跟探蛐蛐似的，那不行。

徐：您父亲也画螃蟹，我看画册上也有，但是跟齐先生还是不太一样，笔还是那些笔，可就是看着不一样。

李：可以这么讲，我父亲早年画螃蟹很少，他在题材方面尽量和白石

李
燕
聊
齐
白
石

齐白石　群蟹图　92 岁　92.5cm×50cm

老人岔开，到老年则画得多一些了。他画得比白石老人的肥，有人说白石老人的螃蟹大概是3两、4两一个——那可是小两，16两为一斤；说苦禅老人画的螃蟹有的大概是两个能有一斤，画得比较肥实。还有一个就是从这个气质上也不一样，白石老人画的螃蟹就感觉是自己逮过的螃蟹，就是湖南水塘里面的淡水螃蟹。说实话淡水螃蟹比海螃蟹好吃，我小时候还逮过，还挨过夹，你得知道拿哪儿夹不到你，它的大夹子有死角，你在它够不着你手指头的地方捉它。白石老人有生活，他画的就是湖南水塘里面观察到的螃蟹。而我父亲李苦禅所画的这个螃蟹就加了点京剧修养的元素，他的那个螃蟹像扎硬靠的大武生出来，横着就出来了，有一种伴着"四击头"锣鼓点儿"横空出世"的感觉。

徐：齐先生画虾画螃蟹什么的画速写吗？您对我不也是要求画速写么。

李：这个在不同的时代有不同的要求，从古画论上来讲都要求写生。白石老人自己题画上也有，上面写着"白石老人亦曾写生"，这个有字为证，说明白石老人写生过。但是写生跟写生的路子不一样，毕竟像我父亲这一代的画家是学过西画、素描、西画速写，手底下来得更便当一些。在古代的这个写生，往往就是，比如山水画家就是对着山写生。我父亲常讲，山水画离不开写生，说古人哪那么多的博物馆、画册看，能看到一张古画不容易，还是托着人情，看一眼就得走。所以说师造化，向大自然学习，人家是对着真景写生。

其实还有一种也是写生，就是画记忆画。盯着看，观察。这个古画论上有，"山行步步移，山行面面看"。"看"这个字在这里念一声，你这是北大中文系毕业的，这个字不会念倒了。就这一个山，你走一步变一个形，你到那边又不一样了。"横看成岭侧成峰，远近高低各不同。不识庐山真面目、只缘身在此山中"，这正是"立体画派"的核心理论，东坡先生早就创造了。不同的角度来看体会不同，记在脑子里面，回去再画出来。

我作为中央美院"文革"前的科班出身的，我们也延续这个传统。比如上午到动物园画素写，精力特别地足，就多画；下午精神慢慢就差了，干嘛呢？看。小老虎又打又闹好玩极了，小狗熊站起来了，互相扇巴掌，扇

李苦禅　甲胄威赫　1973 年　22.5cm×29.5cm

李苦禅　菊蟹图　1973 年　33.5cm×40.5cm

着扇着累了就一下子趴在那儿了，都累得直喘气，喘气这边还挑衅拨楞人家……我一闭眼睛全是这个。有了这个功夫之后，宣纸在前面一摆，苦禅老人常讲，你心里有这些生动形象，宣纸摆在你面前，你就觉得这个宣纸上面已经有东西了，我只不过是拿笔墨"挖出来"而已。

就跟大雕刻家罗丹一样，法国雕刻大师奥古斯特·罗丹到老年了没有体力雕刻了，身体老了。他的一大乐趣是什么？就是坐在太阳底下，旁边围着有弟子，帮助干什么呢？前面堆着很多的石头，他指挥学生这么搬再那么搬，他坐那里看。学生问："老师您看什么？"他说："我看着这个石头里面都有谁谁谁的肖像，这个里面是谁的雕塑，可是我已经没有力量把它挖出来了。"

大师往往就是"天下英雄所见略同"，欧洲文艺复兴时代的雕刻巨匠米开朗基罗也是这样，有一次坐着船在爱琴海，看着远处的山峰有几块大石头，聚在一起，说："这分明是一个组雕啊，可惜我老了。"在他看来石头里面已经有雕刻了，这就是胸有成竹啊！所以你平常不看这些东西，不仔细观察，那么就是我父亲常说的，拿来宣纸往眼前一摆，是茫茫大雪一片，哪是道儿都不知道，还能画什么呢？

白石老人这一生可以讲写生不少，你看北京画院存的那些草虫，都得拿放大镜看，一看就是写生的。最小的一张画跟火柴盒那么大，画一个蜘蛛，那显然就是写生，还题款盖章，那是目前发现白石老人最小的一张画。还有我见的就是巴掌这么大的一张画，画一个大蝇子，人家说那个是苍蝇，我说那不是苍蝇，是咬牲口的麻蝇子，叫"牛虻"。上面题款盖章很认真，就是巴掌心这么大一张，前些年这幅小杰作卖了48万。这个就不按尺了，因为少啊！其实当初它不值几个钱，现在附庸风雅的多了，真有慧眼的并不多，只迷信价钱，并非明白它的艺术价值。

白石老人写生功夫可下了不少，看早年画的肖像，说明有这个功底。但是随着年龄增长，他就更多倾向于看了，好多画实际上就是记忆画。有的时候就题，过洞庭湖，我看到什么什么，有的时候题这个，那显然就是他当场看到了，记下来了，跟着回去就画了。包括他到四川在成都农村看到养猪，猪从猪圈里面出来趴在那儿。他临时想起来自己小时候也放过猪，生

肖又是属猪，于是就画一张猪。你看到他画虾和螃蟹很多张，但是画猪很难找的。这一张让我收藏了。

有人说白石老人不画猪，我说你见得少就别瞎说，什么叫不画，不止画过一次，连诗都提过画猪，只是不常画而已，一般是买家点"您给我画一个猪"才画。因为一般属猪的都不愿意点着画猪。可他自己画着觉得很有感情，想起来小时候放猪就把这个事题上了，而且根据年表来看他就在成都，是老人路过那儿的时候有感而作的，是很有感情地画出的一幅难得之作。

齐白石　亥猪图　138.3cm×34.1cm

【第四聊】

画荷花，苦禅来

他们师徒配合得特别好，白石老人画荷叶之后把笔这么一搭，一示意，我父亲跟着拉着这个纸，白石老人这个笔动作不大，我父亲往前拉的幅度大小快慢，老人家觉得配合很好，所以白石老人以后画荷花常叫我父亲去抻纸。齐老先生操着浓浓的湖南乡音："苦禅，画荷花了，苦禅来。"

徐：当时您父亲苦禅老人去齐老先生家也是每天都去吗？就是在旁边看吗？

李：不可能每天去，这分三大阶段说吧。第一阶段是1922年，先父李苦禅他考入了北平国立艺专，当然这个学校的名称几经改变，就是后来中央美术学院前身。这是中国第一所现代化的最高美术学府，由蔡元培先生动议成立的。它引进西方教学体制，这里面分系，有油画系，叫西画系，不光是油画，还有素描等等，学习有关的西画知识，当年父亲用过的课本我还保存着呢。

徐悲鸿自画像（油画）

苦禅老人于1918年暑假冒冒失失地从我们老家高唐、聊城到了北京。在入这个学校之前，有一个短暂的时间，在北大见到一位穿长袍的年轻人，也就比他大三岁，这个人不是别人，就是徐悲鸿。那时候还是北漂呢！当年天下没有人知道有徐悲鸿。

在徐悲鸿的画法研究会里头，徐悲鸿给我父亲讲了一些西画的知识，而且还拿自己的油画颜料，让我父亲临摹了他的一张油画，根据希腊传说故事画的，一个裸体的男壮士，在跟狮子扳着嘴在那儿搏斗，有这么一张画。这也是作为我父亲在1918年第一次学画油画的史证被保存下来了，北

徐悲鸿　搏狮（李苦禅曾临摹）

大百年校庆的时候出版物上还有这张画，画角上有"1918"字样。

　　虽然跟徐先生学习的时间很短，又不是画法研究会的正式成员，但对于仅仅19周岁的李苦禅来说——当然那时候他名叫李英杰——那可以说对他终生起到了一种方向指导性的作用。徐悲鸿当时的观点认为我们传统的文化艺术，好的，我们应该"垂绝者继之"，一定要好好地继承下去，就跟现在的抢救"非遗"似的，一定要好好抢救，"不足者改之、增之"，尤其是提出"西方绘画能够为我所用者融之"，原话是"古法之佳者守之，垂绝者继之，不佳者改之，未足者增之，西方绘画之可采者融之"。关键在"融之"，要融汇，不是生搬硬套。

　　像现在有的引进西方所谓的"现代派"，来料组装，一看就知道从哪儿抄的，从哪儿弄的零件组装的，组装得还乱七八糟，那不行，你得"融"。就像鲁迅先生说的，我们吃牛肉是不会变成牛的，因为你消化了。

　　那么在这种教导之下徐悲鸿还有一个很重要的观点，他说现在的国画主流都是以临摹为主，笔笔有出处，临摹四王。四王无罪，人家有人家的风格，但是现在不到自然中去，忘了我们传统中很重要的一点：写生。写生，就是唐朝张璪说的"师造化"，"外师造化，中得心源"，外面向大自然学习，经过自己的主观感受，理解，画出画来。所以现在脱离根了，脱离本源了。徐悲鸿认为应该通过借鉴西画恢复我们传统这些写生，尊重生活来源的这样一种好传统，从而改造现在这个陈陈相因的国画。所以他有名的一句话就是"文至于八股，画至于四王，皆至衰途"。这个你不能光就字论字，你要理解他的意思和当时所处的语境。

因此，在我父亲心目里"中西合璧"成为他一生很重要的指导思想之一。到后来他报考西画系一考就考上了，那时候懂西画的人太少了，有徐悲鸿这样的水平的人教导，那水平肯定比一般人高。徐悲鸿虽然年轻，那时候的人都成熟得早，这是一个大时代的人文环境造就出来的。

徐：他已经留法回来了？

李：他那时候还没有留法呢，他先是去日本学习过一段时间，又从上海过来的。上海那时候是接触"洋"最多的地方，他应该是最早接触西画的那一代中国画家。我父亲进了国立艺专之后教西画的是外国教授，像捷克斯洛伐克教授齐蒂尔，还有法国教授克罗多和蒙日，中国自己还没有培养出自己的西画教授。

徐：那会儿外国教授怎么教？拿什么语言教呢？

李：因为我父亲在留法勤工俭学会最后一届学了一年，这一年也有幸跟毛泽东同窗几个月。后来法国当局怕学生闹事，都不给签证了。但是北大说话算数，是它办的留法勤工俭学会，既然半工半读，该给的钱，还都给了。要没有这点儿钱我父亲在北京可待不下，毕竟是坐吃山空，那时候真是生活极苦。后来找到一个办法，他说："咱有力气，能卖力气。"我父亲在我们老家习武，文武双修，有功夫，身体好，个儿又大，1米8。你看我现在个儿都不低，这还是老了抽抽了1公分呢！还是1米79。

当时我父亲就是卖力气换钱生活。看人家拉洋车，他也拉，拉洋车挣钱。但是一拉洋车就发现不那么好拉，人家都有帮，有些好挣钱的活儿，比如说到前门，夜里戏园子一散场，那多好的生意，多少辆洋车都不够叫的，"洋车！"来一辆，"洋车！"来一辆，一辆一辆走。你要想在那拉活儿，

克罗多

李苦禅（左一）在北京正阳门跟西画老师齐蒂尔（左二）、袁仲沂（右）等合影（1923 年）

你找揍呢！他们拉洋车的帮里也都有黑话，后来这些类似江湖的黑话我父亲也用上了，搞抗日地下工作的时候用上了。

徐：拉洋车也有黑话？

李：哪行都有黑话，"嘿！你小子他妈的烂漫胡同的？"这你得懂，你不懂找人打听去，那就是说"你不懂事，在这胡拉，随便拉活儿"，就是警告你了，你要再走他们的这些拉车的路线，小心挨揍。

我父亲后来跟人打听了，说哪路活儿不戗行？人家那些拉车的也是穷人，我父亲考虑问题都是特别容易换位思维，尤其自己穷，别跟穷人争利，是不是？

后来有人说有一线儿没有人跟你争，但是就是得冒点儿险。是哪儿啊？往海淀那边去的线儿，就是现在中关村，那时候这一路上特别地冷清。有的打牌的挺晚才回去，还有听戏散了夜场的，有的戏迷要往那边回家。这个线路叫车不好叫，不是没有，但是价钱得成倍，甚至两人争一辆车，还要三五倍地给。为什么有风险呢？那边比较冷僻，经常有劫道要小钱的，倒不要你命。你这个车拉到某个地方了，忽然从旁边的小树林子里面出来六七位，这是一伙人，还挺客气，"停停停"。有那不客气的就叫"吁！"这就是叫牲口呢。"别害怕，不要命，借俩钱儿花花。"净是这个。

我父亲遇到这种情况，先给后面的乘客安心："您别着急，别害怕，我有办法。"把这个车把小心地撂下。你不撂下，车一打天秤，一个是把人摔了，再有这个车你赔得起吗？

徐：要了解这个大伙去读老舍先生的《骆驼祥子》去，那写得非常清楚。

李：那车不便宜。撂下车把，一迈，迈过横杠去。往这一站，摆出个架式来，要不后来他学会这道儿上的一些话呢！那边还不明白，只能亮家伙了。我父亲穿着老家带着的对襟小褂，小拇指往里一伸，从里面扣出一个红祥来。有懂这个的，这是腰里头有家伙的，他就走了；还有不懂这个的，还要钱。那我父亲这儿一收腹，七节鞭就出来了！那是真七节鞭，不像现在武术表演的,我管它叫"电镀门链儿"。别看挺长,最后一收,就是一小把儿。他腰里那七节鞭的枪头子都是老大的,是义和团用过的,我们老家出义和团,义和团用过的。我这不是瞎说的,谁要想看,到李苦禅纪念馆看去,有一个我父亲的老学生李竹涵保存着,后来捐到纪念馆去了,那是真的。

徐:碰到劫道的,这劫道的是劫拉车的还是劫坐车的?

李:您得想了,是坐车的有钱还是拉车的有钱。

徐:肯定是坐车的有钱。

李:对啊!但是拉车的也有责任是不是?你没给人家护好驾是不是?人家要是被劫道儿的伤了,你也对不起良心是不是?人都是从小受教育做事,咱得对得起良心是不是?所以那些拉车的谁也不敢冒这个险。而且有时候遇见无理劫道儿的,也过来拍拍你的兜,那意思"拉车的,你挣了多少钱?"所以这个小劫道的对拉车威胁挺大,心理威胁比实际威胁还大。因此这个路没有人争。

我父亲仗着身子骨好,跑得快,又不颠,还能保证人家的安全。因为有这么两三回,他们那伙人就传开了:"那有一个山东大个儿别惹他,他有功夫。"——我父亲到去世还满口乡音呢!但是他好在在北京待了这么多年,说话别人都听得懂。总之拉车很不容易。这样的话,一个星期拉三天晚上车,或者拉四天晚上车,也就拉一趟。其他的两天甚至三天晚上都能到齐白石老师家去,磨墨理纸,帮着老师研研墨,理纸就是拉着纸。

白石老人的画案子没有我这个大,原物在北京画院那儿陈列呢。那时候净是订白石老人的长条的画,四尺条,三尺条。这画条幅的时候,得有人在前边抻着纸,平常是他的夫人宝珠给抻着,我父亲去的时候,就让我父亲抻着纸。尤其是白石老人画荷花的时候,非得等着弟子苦禅来才画,因为那荷花杆长呀,得一笔拉下来。他们师徒配合得特别好,白石老人画荷叶之后把笔这么一搭,一示意,我父亲跟着拉着这个纸,白石老人这个笔动作不大,我父亲往前拉的幅度大小快慢,老人家觉得配合很好,所以

齐白石　荷花蜻蜓　69.5cm×34cm

白石老人以后画荷花常叫我父亲去抻纸。齐老先生操着浓浓的湖南乡音："苦禅，画荷花了，苦禅来。"

我父亲跟白石老人学画，就是在这个过程中学，不能太多占老先生的时间，不能耽误老师作画挣钱啊！

徐：白石老人的弟子都是这么学吗？

李：白石老人对弟子的待遇也不一样。在旧社会，甭说留饭不留饭，就是老师请你喝杯茶，这就意味着承认你是登堂入室的弟子。这弟子分不同的层次，登堂入室的弟子才能抻纸磨墨，在旁边学。有的属于是挂名弟子，拜师拜个名儿，"名师出高徒"嘛！我是谁谁谁的弟子，别人不就能高看我一眼么？我说现在你们都说拜的是名师，那我是八大山人弟子，我的师父最有名，那我比你们都高？人家就会问了："你赶上了吗？"白石老人的弟子，有的就是这么回事，更不用说没得真传的了。白石老人也不得罪人，只要你拜师，他就承认。

白石老人有张画，《农夫相马图》，六尺整纸，这么大的画在白石老人的作品里很少啊。画了一个马夫牵着一匹白马，画得甭提多好，上面题着这么一段词，前面是牢骚，意思是我是千里马，但是人家把我当笨牛看。因

> 齐白石　农夫相马图　176.5cm×86cm

释文：将军行处金铺地，老夫漳河跨马来，画得龙驹千里足，寄萍堂上纸墨香。技绝盲人能识马，相轻骚客亦呼牛。誉诽由之何须虑，公论应自有千秋。（"公论"二字本作"是非"）尝见某军马夫，目瞎能摸马骨而知其良劣，世人多弗如也。吾之借山门下门客众矣，知余者惟李苦禅、罗祥止三数人耳！白石草衣齐璜四百五十甲子时意造并题记。

钤印："白石山翁""曾经灞桥风雪""门人半知己"。

按：这首题诗和题字的意思是：1.我画的千里马被看不起的人看成牛，我却不在乎，因为历史自会有公道的评论。2.我曾见过一个瞎马夫，他只摸马的骨相即可知道马的优劣，有眼的人也没有这种能力。3.我齐白石的弟子很多，但真正知晓我和我的艺术的人，只有李苦禅和罗祥止等极少数人啊！

将軍行豪金鋪地
畫得龍駒千里足寄萍堂與門墨香
技絕盲人令識馬相輕驪家呼牛譽
徘徊之何須願公論雁自有千秋公論二字本作是作
嘗見某軍馬俠目瞎綉摸馬骨而知其良為世多非少也
吾言僧山門客嚴美知余者惟李苦禪羅祥止
三數人耳　白石州　又齊橫四百又十甲子時客
造莘題記

为社会对白石老人的画的理解有一个过程，这中间受到不少的攻击。后面有这么一段话提到我父亲，说"余借山门下客众矣"，他叫"借山老人"嘛，我这门下客，"众矣"，很多；"知余者"，就是真正是我的知心，"知余者，唯李苦禅、罗祥止三数人耳"，三数人就是三五个人。这张画作于白石老人70多岁的时候。

罗祥止是白石老人的篆刻弟子，是我父亲苦禅老人给介绍入门的。还有一位刘冰庵先生，也是我父亲介绍入门的，专门学书法篆刻。这两位弟子经常奏刀代笔。白石老人主要靠画画挣钱，印章挣不着什么钱，就把这个活儿交给弟子。除非是给好朋友、自己心爱的学生刻印，是他亲自操刀，其他的往往是由这两位弟子代笔。代笔最多的是刘冰庵先生，每次都照着老师的印样上的字，不会刻错了名字，刻完之后打出印样来请老师过目，有的地方稍微还得有点"烂边"，老师给锵几刀。边款"白石"由白石老人亲自刻出来，以示"通过验收"，还就那两个字是真的。今天这事我说出来了，这不保密。

确实那时候刻图章不挣钱，个别的他真是自己刻的，特别好。就像朱屺瞻先生，他活到104岁，他们家可是有钱，而且他特别懂白石老人的东西，他定的篆刻每回钱都加倍地给。所以白石老人给他制了一批印，现在存在朱屺瞻纪念馆呢，好家伙，几十方印，都很精。当年白石老人亲自给包装，寄去，送邮局寄，是白石老人自己钉的木头盒，亲自写的地址——可惜木头盒现在不知在不在了，那也是了不起的文物，白石老人亲自写的木头盒，上头还有邮记票戳等等，那是特等集邮品呀！

徐：讲究成套的。

李：他都亲自弄好了给朱屺瞻寄去，朱屺瞻收到后一得意，下回还给多寄钱。白石老人确实全靠自己的劳动吃饭，养活南北多少口子人吃饭，这是实际问题。

徐：说到刻章了，您见过白石老人刻章吗？

李：没见过。

李苦禅（左三）与许麟庐、夫人李慧文、关山月、朱屺瞻、黎雄才合影（1981年）

徐：有人说他是一只脚踩着椅子那么刻，就跟做木匠活似的那么刻。

李：我知道他刻印的姿势，是从刘冰庵先生那知道的，因为刘冰庵先生给我们上过课，书法篆刻课，美院就开过这么短短一段，后来赶上搞运动就没有了。他专门教齐派正宗篆刻，白石老人刻图章，他没有印床子。现在有的刻字铺手底下有一个印床子，用一个个木头片，把印石固定住，卡在中间，先篆后刻。在上面写的反篆字，再一点一点地刻。白石老人不然，他是手攥着，他的手有劲，左边攥着，右手用单刀冲刀法。笔道儿里边两边坡的刀法叫双刀法，白石老人的印章笔道儿里是一面平一面坡，用的单刀法，走刀就走一下，不重刀。所以我父亲，还有我的一位国学老师包于轨先生都有共同的看法，说他的图章就是拿篆刻刀当毛笔使，拿着石头当宣纸使。有时候，尤其白文的，就是拿墨把印面抹黑了，连篆都不篆，直接刻。他胸有成竹，攥在手里咔咔的，到哪儿该铲了，一下就得，很自然，那个金石味就出来了。这是他独创的齐派篆刻，古人没有这么刻的。在篆刻艺术方

齐白石赠李苦禅书联："是寿者相　有福之人"

李燕聊齐白石

面,吴昌硕影响最大,他完全脱开吴昌硕了,自己独出一路。

齐派刻印就攥着,我们学这个的时候,食指边上都用橡皮膏粘上,一走刀一冲就容易伤着。白石老人用这个方法坐在椅子上刻很随意的,这个脚爱搭着不搭着,很随便的。他的弟子给他代笔的时候可不在屋子里刻,怕把这个石头面儿掉到屋地下,都在白石画屋外面的台阶上,有板凳,在那坐着刻。不用印床子也不用桌,但是见真功夫。

白石老人的图章不是做出来的,不是修理出来的,我父亲说"有的人的图章啊,八成是拿修脚刀修出来的"——我父亲说话也损,在北京待长了,这嘴有时候啊,褒贬之间,一天一地——过去澡堂子的修脚师,他那刀子一大套,不同的脚使不同的刀具。他那刀具是最细致的,一溜的,在那插着。这图章都拿修脚刀修出来的,那还能看么。就跟评论人家写字似的,说"这字不错,全是描的",意思一样。白石老人是真功夫,见刀见笔,实实在在的超人功力和金石修养。

反过来说,苦禅老人和包于轨先生说白石翁的篆字是等于图章放大,拿着毛笔当着篆刻刀在宣纸上"刻图章"。而且他最厉害的是他拿软笔写篆书,羊毫笔或者兼鬃笔,不是拿硬毫,最后出来的是刚中有柔,这个劲儿难拿极了。所以白石老人刻印,是这么刻的,这是刘冰庵先生传授给我的。

徐:我知道您也刻印。您的画上盖的有些就是您自己刻的。

李:那都是青年时期刻的,可惜我后来因为种种原因,篆刻就放下了,改刻印钮了,我的印钮刻得还不错。

现在看白石老人留的画比较多,印章他亲自奏刀的,相对数量少,现在市场上卖得很贵。他留的印章很有限,这个确实是他自创一派,齐派。而且他这个印章就适合盖他的画,没有他这种风格的印章,整个画就不协调,一般的印章压不住画面。他那画上,打压角印,最大的"人长寿",多大个儿! 古人谁敢用这么大的压角章? 那大小快跟"乾隆御览之宝"的印那么大了,为什么? 就因为他的画上,没有那么大的印压不住,他的画分量太重了。

李燕刻卧羊印钮   李燕刻独角龙印钮（正面）

反过来你想要白石老人的印，您再有钱，您在拍卖行买回来，盖在您的画上，那可麻烦了！您这张画成了它的印谱纸了，白石老人的印成主角了。

他的篆刻也是逼出来的，他原来请别人刻，人家摆架子，刻了拿回来还不好，白石老人觉得"索性我自己刻，不求人"。有时候人有些本事是逼出来的，所以白石老人的印真是独树一帜。最近你到美术馆看，老舍先生藏的那些东西里就有白石老人的印，太绝了！

徐：您父亲为什么没有跟他学刻印？

李：好些人都问过这个问题。齐门弟子没有不会刻印的，包括徒孙一辈几乎没有不会刻印的，我父亲为什么不刻呢？白石老先生也跟我父亲说过好多次，都是主动讲的："苦禅啊，我教你治印啊。"

我父亲跟白石老人是这么解释的：老师，我为什么不学刻印呢？中国画把这个金石韵味糅到画里面，在清代是高峰。这是因为清朝金石研究之风兴盛，在金石艺术研究方面来说清代到民国这是历史一大高峰。研究金石文字与艺术，最早的准备工作是在唐朝，奠基人是在宋朝，欧阳修、李清照、赵明诚、吕大临、薛尚功等，相当一批的人，他们奠定了中国金石学的基础。但是金石学到了元明就有点萎了，尤其是经过元朝，很萎；到了清代又重新振作，有很多重要的金石文物出土，好多人专门研究金石学。到了吴昌硕、赵之谦他们，就把金石里面的美糅到写意花卉里了，形成了里程碑式的转变。以前画家重视帖，包括八大山人，你看他帖气很足。但是从吴昌硕、赵之谦开始的时候，有相当一批人把金石的韵味、笔的走势什么的这些糅到写意画里了。

苦禅老人讲：写意画是写出来的。拿什么写？拿书法的美写，其佼佼者，影响最大的就是吴昌硕。吴昌硕的书、画、篆刻都绝，他是通过研究石鼓文，以石鼓文入篆刻，他的刀法就跟白石老人的不一样。他的刀法，给弟子发一个刀之后一辈子不许磨刀，用钝刀子楞在石头上硌出来的，硌出石鼓文的劲儿。那是功夫，有的人硌都硌不动，我父亲说："有人学吴昌硕治印，不深，容易让印泥糊上，哪里有石鼓文的劲儿！就硌下一层皮儿。"

到齐老先生那儿又为之一变。所以我父亲当时就说："把金石韵味通过篆刻糅到写意画里面，吴缶老（我父亲尊称吴昌硕）和老师您二位是双峰插天，不可企及者。"他说："学生我的理解是什么呢？师老师之心，不就是为了把金石味道糅进去吗？我广泛地收集一些金石拓片，同时也关注秦玺汉印，这不是路子更宽了吗？"

当时我父亲拿了汉画像砖上的拓片给白石老人看。白石老人一辈子总是虚心，弟子说的话他也仔细听，他一看确实好，当场就拿起一块石头来，一个字没有，就刻了一个人，就体会汉画像砖的意思，但是跟画像砖又不完全一样，盖出来好极了，他自己都特别满意。后来我父亲说老师您是不是拓个印样，赏给我？白石老人当场就弄张宣纸拓了两方印，旁边写上我父亲的上款，这件东西现在在北京画院收藏。

凡是我说的历史都得有证据，我是中央文史研究馆馆员，跟文史有缘。咱们说到历史，演义归演义，有些重要的东西得有实证，没有实证别说。说我是李白的学生，这咱们没有办法找证据，你就是北大中文系的你也替我圆不了场。这件有我父亲上款的白石翁印拓现在收在北京画院。白石老人逝世之后，他家人依然照老人的遗嘱，全部的东西捐给国家，都在北京画院存着。可是为什么写我父亲上款的东西在白石老人家存着呢？包括白石老人给我父亲写的信，我父亲都搁在白石老人家里了。因为我父亲

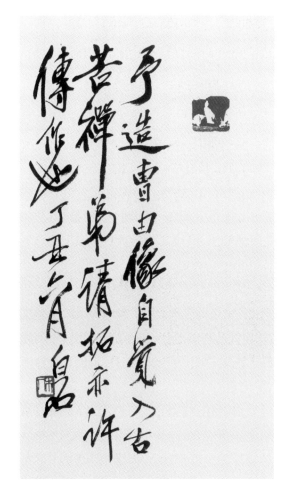

齐白石题赠李苦禅仿汉画像石治印

参加地下革命，居无定所，尤其是抗战的时候，他是八路军冀中军区平津情报站主任黄浩同志领导的北平情报站的正式成员之一，住在柳树井胡同2号，那是联络点之一。干这个工作，你家里头一般有字的东西别轻易地存，存了以后连累别人招事。所以这些东西全存在老师家了，因此保存下来了，现在藏在北京画院。

　　好多我父亲讲的故事都是后来找到的证据，这不是我父亲当年说过的那段话那桩事吗？这我才从拍卖行买回来，或者是从旧杂志里面找回

李苦禅摄于柳树井胡同 2 号（1938 年）

来。如果我父亲没跟我说，我就不会知道它的珍贵价值。

　　徐：苦禅老人虽然不刻印，但我知道他一生对金石艺术倾注了很大的精力。

　　李：前年在北京画院开了一个展览就是他收藏的这些拓本，从先秦一直往下排到唐宋。一般玩拓片的就存到唐宋，宋以后的一般不玩，有个别的人走冷门，专玩宋以后的。对金石艺术的收藏研究主要是从先秦到唐宋，更重点的是两汉魏晋南北朝。苦禅老人的金石拓本，在北京画院展览馆。我父亲那个展，整个两层楼只挂了一部分，挂不下。为什么这些我还能保留呢？"文化大革命"的时候抄家，他们不懂这个，而且没有装裱的，黑糊糊的一片，往床底下一踹，光把名人字画文玩古董什么的拿走了，这一大批都踹到我们家双人床底下了。

我父亲从干校回来，是因为老犯病，昏倒在地里多少回。军代表人道主义，让他回北京，回到北京派他看中央美术学院传达室。就一个人在家，也没有人照顾。回到家第一件事是干嘛？趴在地上，向床里面一点点地掏，慢慢地掏拓片，怕撕坏了。掏出来以后摩挲平了，叠起来用报纸包上，然后写上这是什么什么碑。这报纸我都留着呢，上面可是1971年的，不是我现在包的，我就补了一个图章，拿绫子裱起来特别漂亮。当时他连报纸都没有，还是跟同院的戴泽先生要的。我父亲他一个人在北京过，订什么报纸呀？也订不起。这些包有那年月的报纸为证，没有办法伪造，一包一包的，他亲笔题的字。

　　我父亲平时在家里看这些拓片怎么看呢？我们的屋子小，他想看了就叫："燕，你把什么什么碑拿出来我看看。"我就给他拿来，然后打开，我站在椅子上，举着。我现在举半天都不累，幼功儿，还不带哆嗦的，哆嗦怎么看？随时高举。

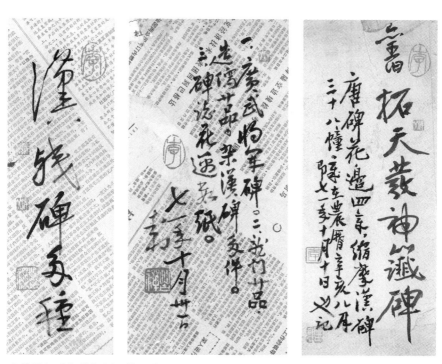

李苦禅包碑拓的报纸上的题字

李苦禅题碑拓的跋文

端方藏埃及刻石拓片

　　我父亲要是活着能看到自己的展品裱出来,不定多高兴呢! 可惜一辈子没有见过。我们的拓片都是没有裱过的,一旦要展览了,用了一年的工夫整理托裱。

　　还有很宝贵的东西,他的碑,金石这类的,上边有他题的一些跋语,他的一些看法,本身既是书法作品又是在碑学方面的一些观点,一并展览出来。这是六十多年的头一回,还没有别的画家办过这种展览。展出的还有苦禅老人平时研究金石艺术的工具书。你研究相声也有工具书,要不你怎么知道古代幽默文学怎么回事? 干什么都得有工具书。这批工具书我也拿来展览,真行家一看就知道这些工具书是干这个用的。你那儿要搁一本小说《小二黑结婚》,就不对了,跟这没有关系,我展的全是跟金石有密切关系的书。特别是他收藏研究的路子很宽,包括埃及石刻的拓片,这一般人没有吧?

　　徐:我们去埃及,我看那些碑刻都不怎么保护。六七千年的古神庙,大石柱子,满是雕刻,真是好。我跟同行的人说,我给他们出个主意,卖拓片。因为那里的东西太多了,随便找几件东西,拓下来卖,准挣钱,还有收藏价值,比现在这些卖假纸莎草画的强多了。

　　李:埃及人不会拓拓片,这是端方自己拓的。他作为大清国的官员出使海外,到埃及,把顶戴花翎一摘,自己在那儿弄个布撍子拓的。拓完以后

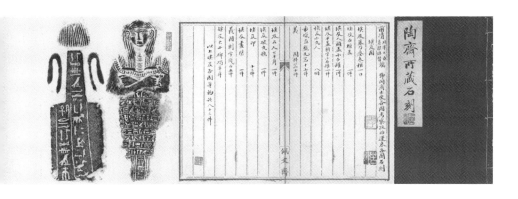

带回来精工装裱一本，后面还有自己的跋，这多宝赏！我都展出来了。

可以讲，现在老人留下的东西还没有一个好地方可以全部展览出来。他在这方面下了功夫之后，他的画才有金石味。所以有些搞理论研究的，前来参观，开研讨会，有一位研究者给我鞠一大躬，说："感谢您给我们提供这么好的展览。"我说："您别感谢我，感谢我父亲吧，他在天之灵会领情的。"

我打小，9岁、10岁开始帮他找这些东西。有人说苦老挺穷，怎么这么好的拓本都买得起？我说："你们知道那个时候，反封建的时候，硬木八仙桌雕龙的那个，是清中叶的，他花了人民币25块就买回来了，他不怕人家说他思想陈旧。我爸爸工资180，这是他工资的多少分之一啊。

徐：七分之一。

李：现在。我一个清华教授，七分之一的工资，1千块，能买一件硬木家具吗？那时候把硬木家具当废品处理，怕人怀疑你是封建家庭，都买柴木的，我家里都搁这样的古家具，不值钱。我父亲不怕，因为自己的出身组织了解，穷农民出身的，不知道的人一看，就以为你是出身官僚地主的。他不怕，他趁便宜买回来的。

我还展出了一个宋朝的石堰铭，我这1米8的身材都比不出来那么大，是宋朝的隶书，它很有特点，现在这个石堰存在不存在都另说。我说你们相信么？这么大的原拓片在当时都算贵的，我亲自买的，才花4块钱。

徐：这是什么时候买的？您多大岁数？
李：那时候我已经上大学一年级了。

徐：十七八？
李：我17岁半就上大学了，上得早，我就沾上学早这个光了，要不赶上"文革"损失更大。我父亲学金石走的是这个路子，所以他一辈子不治印，从来不治印。他的印章有白石老人送给他的，"文革"抄走了，我又冒险偷出来了，这事以后再说。白石老人给他的印，我父亲特别好地保存，非常精心保存。再有就是刘冰庵先生给他刻的，好些人看不出来，都是以为齐老先生刻的，完全乱真。他们为我父亲刻的印最多。到我父亲晚年，还有大康先生为他治印。他是金石家、篆刻家、古文字学大家，刻的印很高妙。

李苦禅
"以学愈愚"印

还有个别的印是无名氏刻的，从古董铺里买的，觉得词挺好就用。这一辈子用得最多的有一方是迎首印"以学愈愚"，意思是我用学习来治愈我的愚笨。他经常讲咱们家人都傻，咱得笨鸟先飞，人一之我十之，人十之我百之，后面这话是孔夫子说的。从小我就认定我傻，所以我老使劲儿。我父亲说讲课得讲你忘剩下的，我得多背，多看，忘剩下的也比人家多。学俄文，新单词4个，我去旧书市买旧工具书，同词根不同词冠词尾的我背20个，我忘剩下的还剩10个呢！所以有时候上课的老师说还没学呢你怎么会？我超额了。

徐：这四个字的印是无名氏刻的？
李：无名氏的，没有边款。

徐：老吗？
李：老，那方印要按照老人的经历和印石的质地风格来看的话少说有一百五十年。

徐：也是晚清的？

李：对，包浆都看得出来。

徐：买的时候是按照古董买的还是新的买的？

李：古董。那时候这个不贵，尤其有一段时间的价钱，今天我说你都不信：我5块钱买了一方印，等于够两寸半方儿，"泼墨"两个字，旁边的款是金农。金冬心，是"扬州八怪"里面的首席。"文化大革命"中期处理抄家的"不够文物"的东西，是内部处理，我花多少钱？4块钱。当时我在荣宝斋工作，我工资60，按照这个比例也不算贵吧？熊伯齐买回一块脏了巴叽的石头，拿回来，打干净一看，田黄，3块钱。

在台湾的毛公鼎，中国文字最多的鼎，到现在没有超过它的，现在是台北故宫镇馆之宝，不许照相，一个馆就这一个鼎，周围都是它有关的图片。它原先的藏主就是陈介琪，有名的金石藏家。他制印很少，我父亲有一方，多少钱呢？俩手指头多少钱？

徐：两万？

李：两毛！那是特殊时期。

徐：70年代的时候？

李：我在荣宝斋当编辑那时候。

徐：80年代？

李：我是73年进的荣宝斋，干了六年半，调到中央工艺美院当教书匠。

有些特殊历史时期，收集文物，你买得起。过去在北京来说，称"玩家"一般人不敢称，这"玩"在北京可不是随便的，玩票的都是厉害人物，人家不吃"张口饭"就是了。玩家是仗着有眼力淘宝，不是靠着大爷有钱。有人两亿买一个鸡缸杯，那我只能佩服他有钱。我要有两亿，我不买鸡缸杯,我学人家马三立老先生"开粥厂"了,是不是?

徐:赈济穷人了。

李:我干嘛花两亿买一个杯子喝口水,烫不烫啊?"玩"这个讲究的是说,人家看不上眼的、不值钱的,在地摊儿上面的东西;或者人家没钱花了,老辈儿留的东西急着卖,也不懂,仨瓜俩枣就卖了,你买得起。真到了大家都认为什么什么是宝了,您就玩不起了。

等后来一说这是宝贝,我们就都无偿捐献给国家了。咱不说别的,就说一条,明末清初大书家王铎,这名气多大?他写的都是顶天立地,像我们这个屋子还挂不下,就在李苦禅纪念馆里能挂下。有一位在拍卖行的朋友说:"这你都捐了?"我说:"是啊。""现在想要拍这个,银行卡上没有两千万你免举牌!"这些我母亲李慧文她老人家代表全家都无偿捐了。

真玩东西都不是靠钱,就靠你的眼力。头些年有人出让一幅齐白石88岁画的虾,还让耗子咬掉一点儿字,淡墨画的,是没裱的单片子,不显好,才要七千块。我就买下了,把残处补好。我有补画的技巧。补好之后一裱,嘿,真正的效果全显出来了!裱画师傅把它晾在壁子上,原主见了,也叫好,要花双倍价钱买回去,我没卖。因为这是我跟师爷白石老人的缘分——给我的教材!

徐:您父亲跟齐先生学到什么时候,就上了一个台阶,或者说有所成就的呢?

李:八大山人有一张画让他开悟的,叫做《乌瓜图》,一个大乌鸦落在瓜上。这个很有意思,乌鸦的墨浓黑,整个的画很压分量,但是底下的瓜是浓淡墨,浓淡干湿,很有质感。让人觉得这个画虽然不大,但很有气魄。

我父亲说,八大山人基本属于阴柔之美,咱们改为阳刚之美行不行?我画大黑鸟站在大石头上,稍微加一点配景,这就有魄力了。这一下子开悟了,所以他把鱼鹰、雕、鹰,还有寒鸦儿——就是白脖儿老鸹——甚至是八哥,也把体型扩大,还有黑鸡、苍鹭这一系列,老人叫做"我的大黑鸟们"。画起来之后在石头旁边稍微加一点配景,荷塘、竹子、芋叶等等,就

李燕聊齐白石

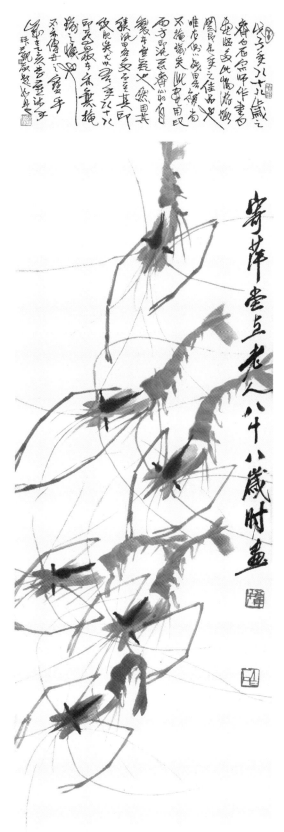

齐白石
虾
104cm×32.5cm

等于是大自然的一部分。画出来很有气势，时人和后来有不少人也这么画，可以说苦禅老人画的"大黑鸟加大石头"是开了一代新风。

正因为后来很多人都学这个章法处理，以至于著名理论家李松涛（现在叫做李松）说过这么一段话，我觉得挺公平，他说"李苦禅往往被淹没在他自己制造的影响之中"。反正人都不知道是谁最先创造的，甚至有人因为苦禅老人这一辈子坎坷，在舆论上受一点影响，重新成名又晚一些，人家有先出名的呀，于是就先入为主，说我父亲是学谁谁的。我父亲也不计较这个，他跟我说："画画不是像高科技互相保密，你拿出来让人看，谁学谁不行？咱们不计较这个，而且自己不断地变化，让人学去吧！我的东西多着呢！"

徐：这就是大师的气度，不争，而天下莫能与之争。有记录，白石老人说过，"英也过我，英也无敌"。这"英"就是李英，就是李苦禅先生。那白石老人对李先生这种创新是怎么看呢？

李：白石老人一生对弟子的希望，都不是要求跟自己一模一样，而是要在自己的基础上超过自己，所以我们经常看见他在弟子的画上题字，等于是老师批卷子似的。有一张画是师叔卢光照先生的，他画的一张条幅，上面有一个油灯是学齐先生的，整个是写出来的，拿浓重墨，写出过去的老油灯，灯台，旁边还有一个把儿，上面一个灯碗放一点儿油，搭着条灯捻儿，就那个样的，整个是写出来的，用书法的笔法写出来的，特别利索，瓷的灯碗质感特别的强。白石老人看了之后就题了，意思就是说"光照画此灯比我画得好，白石题"。结果出笑话了，有一本画册叫做《齐白石书画精选》，这张画明明上面很多字，旁边题的是"卢光照作"，编此画册的行家愣说成是"齐白石精品"了。当然从另一面也说明了卢光照师叔确实画得很有成就。

白石老人对于弟子的品评，特别地有分寸，不像现在有的老先生，说实在的，好话说得太廉价了。有的人年事很高，比如说有一位著名国学家，年龄比我大得多得多，咱们不说岁数了，口下留德也别提名了，给一个在国画界比我资历还晚的画家——我不是说比我晚的画家就不好，他题的什么你知道吗? 白纸黑字, 评那位水墨画家是当今"国画界的领袖"! 身为老学者, 极有身份, 再怎么好评价, 也得有一个分寸啊!"领袖"这个词能用吗? 连毛主席生前都讨厌别人说他是伟大的领袖, 那时候最高的称呼是, 伟大的领袖、伟大的统帅、伟大的舵手、伟大的导师, 毛泽东说"只留一个'导师'就可以了, 在英文叫做teacher。我是湖南师范出身的, 就是当老师的, 留这么一个就可以了"。毛主席都认为说他是伟大的领袖是"讨嫌", 您评价一个尚且健在的, 而且影响非常有限的画家是领袖? 本人实在是不敢苟同。白石老人可不然, 他题评弟子很有分寸, 很负责。

例如我还记得有一位师叔拿着画让白石老人题, 他题的是: 某某弟——一般老师称学生叫做什么弟——在我门下多年, 如今"尚能亦步亦趋", 就是你能做到的仅仅是亦步亦趋, 就是"邯郸学步"啊。既肯定了弟子的成绩, 又很客观地指出, 你画我画得很像, 但你没有自己的东西。

还有一个典故。这个作者辈分比较大, 也不是白石门下。这位可以说"投错庙了", 这辈子不适合学艺术, 用梨园界和曲艺界的话就是"祖师爷不赏这口饭"。可人家还很努力, 自己还挺得意, 送了一批画到白石老人那儿请他品评品评。那天我父亲李苦禅正进白石画屋, 看地上随便摆着那大概十来张的画, 白石老人站在那儿满脸发愁状。我父亲问:"怎么回事? 老师您不舒服了?"白石老人说:"不是, 某某人拿着这些画让我给品题品题, 我不知道品题哪张好。"我父亲说:"老师, 我替您挑一张吧。"我父亲就左手蒙着眼睛, 弯着腰拿起一张来, 这一拿起来不要紧, 一看白石老人捂着嘴笑, 躺在藤椅上了, 指着我父亲就一直笑。没有话的话更是心里话, 这其实就是说苦禅你太知我心了。于是拿了这张画题了。我父亲说这个是他见到白石老人一辈子给人品题的"最没劲的一段", 但是确是真迹, 还用了印了。题的什么呢?"有某某君嘱我为之题画, 白石老人以为尚可。"你说有劲没劲? 你嘱咐我题画, 我认为尚可, 是题画这件事尚可呢, 还是你这画尚可? 模棱两可, 等于什么也没说。

后来这张画我也没有见到, 八成那位拿回去之后, 怎么琢磨怎么觉得这张画还是别拿出来了, 倒还不失自知之明。

总之, 白石老人对艺术品评的态度很严肃, 绝不会像后来的政治野心家康生那样,自己起了个笔名"鲁赤水"和"齐白石"相对,又画几笔豆芽儿菜似的荷花。还为自显品评的能耐,封某个画家为"画坛师首,艺苑班头"。陈半丁老先生不服气,说:"咱画坛都有老师的首领了,艺术界也有领班的头目了,还要百花齐放、百家争鸣吗?"康生闻之大怒,在"文化大革命"中骂陈半丁是"反动画家",活生生地把这位年近百岁的老先生给整死了!这当然都是后话了,但对文艺的品评毕竟是一种不含有任何杂念和污秽的、负有社会责任的事情。我师爷白石大宗师在这方面堪为楷模!

【第五聊】

老爷子，您长牙了

老先生张嘴，医生拿着一个小板，一压舌头，手电筒一照，然后，放下手电筒，倒退三步，拱手：「恭喜老爷子，贺喜老爷子。」「我牙疼你还开我玩笑？」「不是，您长新牙了！人一辈子就换一回牙，您长第二回了，我不得向您恭喜啊！」

徐：我在一篇文章里看到，有一次白石老人画的猴子，白猿，本来是有胡子的，后来是您父亲说猴子岁数再大也不长胡子，于是白石老人就又画了一张。

李：对。我父亲不止一次提到白石老人虚心纳谏。他说有时候因为白石老人太虚心了，他说话有点冒失，太随便了，想起来还后悔。说哪档子事呢？有一天他刚到白石画屋，看老师正画《白猿献寿》，显然是别人点题，祝寿的，画个白猿，还长出胡子来了。

徐：有胡子，意思是老白猿。

李：老白猿献寿那更长寿啊！我父亲就说："老师，听说猴子老了不长胡子，人长胡子，它不长胡子。"白石老人想想——肯定白石老人回忆起街上有耍猴的来了。那时候看猴不难，经常有耍猴的，唐山那边过来的，一敲锣大伙就能出来了——真是，老猴子不长胡子，跟着他就把画卷起来了，照例搁在废画那角儿了，画案子右里头的角儿。又让我父亲拿出纸来铺好了，又画一个没胡子的《白猿献寿》。

事后我父亲觉得自己多余说这话，说这是艺术，可以夸张啊。这张画可别给擦笔、擦盘子了，那太可惜了，要真是传到今天不是挺好玩的吗？猴儿长胡子，抱一个大桃。到现在这张画也没现世，肯定老师把它擦盘子了，擦笔了。苦禅老人说我太后悔了。

我父亲提过这么一档子事，所以我就说白石老人一辈子虚心、谨慎，绝不因为自己当时的名声大了，就不虚心了。他的名声够大了，自己题画"余门下弟子数百人"，有的是真学的，有的就挂一个名，就是说拜师了，事后也没有怎么学。这个画家一有名，就桃李满天下了，连樱桃都满天下了。你说你是白石门下不行,我们还得看你是否真正地理解白石老人的艺术思想,是否真正理解他的笔法、真传,如果做不到这一步,不要轻易弄一方图章"白石门下",这样做是对不起老师的。

有人天天画上盖"白石门下",我父亲可一辈子没有这方印。谁都承认我父亲苦禅老人是白石老人的登堂入室大弟子,到我这儿,徒孙一辈,我要是稍微吹一点,就凭着我还见过我师爷,我要是刻一方"白石门下"也未尝不可,但是我不刻,为什么? 我不配!

我觉得咱们学白石老人也得学他的虚心,苦禅老人生前一再强调说白石老人可学者甚多,第一先学他的虚心。他老觉得自己不够,老觉得自己学问浅。画了画、写了诗给这个看给那个听,生怕人家不给提意见。提了意见以后自己就琢磨,琢磨以后自己真变法,不断地变法。"衰年变法"嘛! 他老是在变法。有了这一条就决定他后面这两条了,勤学与苦练。他老觉得不够,当然就会勤学苦练。再一个,为维持生计他真勤奋。早上起来在青砖墁地的院里头遛遛弯儿,舒舒膀子,早饭喝粥吃咸菜,生活极俭朴,受穷受惯了,然后就开始画。画到10点多,在他躺椅上养养神,不是睡觉,起来再画。他是站着画,大写意都站着画。白石老人90多岁还站着画呢,极少坐着。

徐:可是我看白石老人的纪录片里好像是坐着画?

李:纪录片这样安排齐老先生有点误人,因为什么呢? 怕这个机位一挪动,费片子。那时候拿外汇进口的彩色片子很贵,一尺得多少钱啊,嘀嗒一下24张过去了。实际上白石老人习惯就是站着,不信你看苏联专家马克西莫夫到白石老人家去画的油画速写,那不站着画吗? 马克西莫夫是一九五几年来的。白石老人一站就一个钟头两个钟头下去了,所以我现在72了,我作画往那儿一站至少两个半钟头。

徐:我每次来学画的时候,都是您站着教,我站着学,我都哆嗦了,您这还没事呢。

李:站着贯气啊,同时也是一种身体锻炼。齐老先生一辈子不懂得什么保养，让他享受都享受不了。中午吃完饭再养养神，起来又画，到晚饭停止。晚饭后在院里头又遛遛弯儿，晚上挑灯夜战，又该画画了，6只洋蜡，左边3支，右边3支，很晚才装电灯，他怕"把雷公引下来"。后来我四叔齐良迟是学无线电的，学电机的，懂这个，他说："老爷子，雷公引不下来，灯泡多亮啊。"很晚才装电灯。习惯屋里就是油灯，这有照片为证，别听我说，有那年代的德国的摄影家照的照片为证。画到什么时候呢？能画过12点。我父亲白天画水彩画、学油画，晚上这一个礼拜三天、四天地拉洋车挣点钱，腾出三天晚上给老师抻纸，晚上来学国画。其实白石老人这一天睡不了多长时间，觉少，身体还特别好。

我父亲跟我讲过有这么一段，说白石老人有一天早上起来，下台阶的时候不小心不知道怎么绊了一下，从台阶上面摔到院里头了，唉哟一声，声儿还挺大。他本来声儿就挺大，那时候北京也没有那么多噪音。隔壁邻居都听见了，都过来问："老爷子是不是摔着了呢？"他在院里"没的事，没的事"，还没事呢。他那身体像年轻的，一般人八十好几摔一跟头受得了吗？老先生就这身体。

我这可不是胡说呢，第一是我父亲苦禅老人给我讲的，第二个有他的日记也记着这段呢，意思是自己绊到门槛上了。他怕有贼，他装了个铁栅栏，一到晚上就拉上。他有时候还题到画上："铁栅书屋"。他不小心绊那地方了，摔到院里了，"若伐木之声"，"伐"字可能是因为后补小字吧，还写了一个错字，忘了那一撇。别人说怎么是"代木之声"？我说肯定是"伐木之声"，人老了有笔误在所难免。

徐：白石老人得病的时候也画？

李：我父亲记忆里面白石老人就没得过什么像样的病，最多就是有个头疼脑热。他天天画，就是他母亲去世的时候，三天没画。他在北京，他母亲在南方。那边局势不稳定，湖南那地方自古就出土匪，而且土匪还都特能打仗，要不这湘军厉害啊。他母亲去世没法回去吊丧，他是孝子啊，很难受，三天，在家里守灵。面对他母亲的像，还有一应的祭物摆在里面。其中还摆了一个什么呢？白石老人命我父亲画的《祭物图》：已经刮了毛的猪，钩子挂在横梁上，上面又挂了一只宰好的鸭子，鸭子还画的是湖南家乡那种鸭子，不是北京鸭，是柳叶鸭，挂在上面，用这幅画等于是祭奠母亲的牺牲之物了。意思是祭完以后就把这张画烧了，遥祭，对着湖南方向跪拜。三天没画。等到第四天头一张画题什么？"三日不画手僵硬"。这是我父亲亲眼看着的，说老师你怎么题这个呢？意思是说这三天祭母，我不能动笔，我没法回家嘛，今天再一画觉得手生了。

我父亲也没问那张《祭物图》烧了没，因为原来齐老师让他画这张画，那意思就是画完烧了。没想到老爷子看着这张画好，舍不得烧了，上面还题了一段夸奖我父亲的话，大意是说好多很生动的形象到一些人笔下都变成死物了，苦禅画的死物却很生动，有这么一番夸奖。后面还写着小字，祭母、焚之什么的。但这张画他没有焚之，还盖了印留下来了。留下一个小包，也没有裱，跟子女的生辰八字还有一些隐私什么的包一个小包，塞在他的一个大木柜子的夹层里面。他是木匠出身，粗木活细木活全会干，他藏的地方谁也找不着。

直到"文革"中间，这个大柜子都当了造反派放大字报纸的地方了，也没有发现，后来北京画院大搬家，把这个柜子给搬到齐白石这个纪念地，忽然间从夹层里面发现一批宝贝，有白石老人的诗稿、日记、画稿、子女生辰八字，其中一张画，就是我父亲李苦禅26岁的时候"奉夫子之命"画的这张祭物图，有宰好挂着的猪，还有一只柳叶鸭也是宰好了挂着的，白石老人在上面题字，太宝贵了。

徐：这张画居然还留下来了？

李：对，白石老人没有舍得烧，所以现在是北京画院的藏品，原作我也拿不着。如果在拍卖市场上看到这张，我告诉你绝对是假的，只此一张。

徐：真是太宝贵了。白石老人的后人也都不知道？

李：不知道，但是这符合白石老人的遗嘱，他要把家里的东西统统捐给国家，这既然是他家里的一部分，当然顺理成章也不通过子女就是国家的了。柜子都是他做的，柜子里的东西也是他的，包括中间他掉的牙。

李燕聊齐白石

李苦禅　祭物图　1926 年　137cm×34cm

释文：齐白石题识：龙行凤飞，生动至极，
　　　得入画家笔底必成死气。今令苦禅
　　　画此，翻从死中生活动，非知笔知墨
　　　者不能知此言。丙寅七日，明日为母亲
　　　焚化冥物。
　　　李苦禅题识：夫子大人命画。丙寅六
　　　月门生苦禅写。

徐：掉牙是怎么回事？

李：连掉的牙他都保护着，上面写"白石落齿"四个字，把牙收进去了。这也证明他身体好，说明他肾气旺。他要是肾气不旺的话怎么老年还得子呢？我小师叔齐良末现在还在世呢，比我才大几岁啊，我见面还得称师叔，良字辈。

徐：齐先生是80多岁得子是吧？

李：78岁，1938年生的小师叔齐良末。他怎么证明他肾气旺呢？"肾生髓，髓生骨，齿为骨之标。"这个你查医书去，这个牙齿，肾气不旺，早早地牙就全掉了。

像吴祖光可能是肾气不旺，牙都不得不拔，不拔的话再闹什么牙周炎可就麻烦了。拔完了牙回去见到夫人新凤霞，头一句说："我从今天开始我对不起您了。"说："您有什么对不起我的？""我从今天起就是一个无齿（与'耻'同音）之徒了。"吴祖光是一个大才子，老爱开玩笑，也是齐老先生家里的常客。

有一天白石老人忽然牙疼，疼得画不了画了。这了不得，俗话说牙疼不算病，疼起来直要命。他的牙早掉了，后面的都是"老牙花子"，就是后面的白齿，那里疼。有急事，他信任弟子李苦禅，就让他看家的老太监老尹来找我父亲。那时候哪有什么打的、电话啊？一条街能有一个公用电话就不错了。老尹就颠颠地小跑，都是受过训练的，他们原先是为宫里服务的，颠颠小跑，太监没有大摇大摆走的，除非那是刘瑾、魏忠贤。

徐：我看张次溪先生的书里写，齐先生晚年雇佣一位前清王府里遣散出来的太监做门房。齐先生自己也说，他是肃王府出来的。

李：那也没有大摇大摆走的。他颠颠地小跑着，到门外喊一声："苦禅，老爷子有急事。""什么事啊？""到了那儿你就知道了，我赶快回去伺候老爷子。"颠颠又回去了。我父亲得赶快去，老先生说有事就赶快去。我父亲身体也好，小跑着就去了。那时候北京也没有那么大，好家伙，现在北京顶一个国了，太大了，16000多平方公里了。

李燕聊齐白石

徐：您现在要是打大兴跑到回龙观？

李：那麻烦了。好在那时候北京不大。我父亲跑过去之后问怎么回事？白石老人就喊："我牙疼，我牙疼喔！画不了画了。"老先生有一个习惯，不进医院不挂号，讨厌进医院，就找出诊大夫。我父亲赶快跑去请牙医，说我老师牙疼，你赶快去看看。牙医赶快拎着箱子带着手电筒到这儿来了。老先生张嘴，医生拿着一个小板，一压舌头，手电筒一照，然后，放下手电筒，倒退三步，拱手："恭喜老爷子，贺喜老爷子。""我牙疼你还开我玩笑？""不是，您长新牙了！人一辈子就换一回牙，您长第二回了，我不得向您恭喜啊！没事，等这牙再长出点儿来，就好了，吃饭方便了。您不是喜欢吃糖醋排骨吗？这几天可别吃，就喝粥。"然后弄点药棉夹着纱布剪成块，再预备一瓶磺胺类的药物——那时候磺胺类药就是消炎，他老不得病，吃点药就管事——说："张嘴咬着，别动，您拿右边，小勺喂点粥就行了，有那么一天半天就能长上。"

这身体好还表现在再生能力强。果然一天可就不疼了，这就说明白石老人身体太好了，肾气旺，一辈子长两回牙。

所以你看白石老人到老年的标准照——我这儿供着白石老人的像——他没变样，不是瘪嘴。后来有的电视片子里出现我师爷，我看着这难受啊。咱不说谁演的了吧，也难怪，他们没有见过白石老人，他想象白石老人应该是到老了就瘪着嘴。这是不对的，这人只有掉牙才瘪嘴呢。

白石老人也掉了几颗牙，先掉的，就写"白石落齿"，殉葬品里有牙，但基本都保持脸型没有变形。电视里出的"白石老人"让我那个难受，瘪着嘴，哆哆嗦嗦，从藤椅上起来，然后先拿棍儿再到画案旁边，那就别画虾了，您瞎画吧！真实的情况是，他从椅子上起来，那么大岁数，"腾"就起来了。直到最后晚年了才需要旁边有人扶一扶，但是只要站起来，他没有拱肩缩背的情况。所以老先生实际上就是颐养天年，寿终正寝，这人毕竟都有这个归西的一天。

我觉得他身体好的原因，是年轻的时候受了大苦了，有积累，还有就是他的心特别宽敞，没有听说他动小心眼。当然他画上也题"人骂我，我也骂人"，仅仅在画上这么题而已，还真没有听过。我父亲在齐门之下一直伺候三十四年，没听说他骂过谁的。最多是有人说他"仅得皮毛"，他对这个不能理解，所以在以后的题画和文章、口述里面略微提到一下关于"皮毛"的看法，因为那毕竟是吴昌硕曾经批评过他的话。当然这里面包括吴昌硕对于未来的这位大师还有不理解之处，批评时的语境如何也不为人知。时代在变，理解一位后来的大师还需时日。

白石老人确实很崇敬吴昌硕，吴昌硕还亲笔给白石老人写过笔单，按说他是老前辈，能够给齐白石写笔单，这本身来讲就是很好的事。但他毕竟对白石老人有些东西不理解，认为仅得皮毛。白石老人对这个不甚理解也不好接受，因为他毕竟有自己的创新。你现在看，他和吴昌硕不一样，尤其是到后来完全就是齐派自家风貌，无人可以替代。至少吴昌硕只画花卉，不画鸟，题材比较窄。但是这几样人家拿住了，那也厉害，是不是？

有时候题材不在太多，那宋代的文与可一辈子就画竹子，你说他不是大师？郑板桥一辈子就画竹子、兰草，菊花都不多，他不算大师？那不能这么说，题材多固然好，但是也不是决定是否是大师的唯一的理由。那文与可竹子要是画得不好的话怎么教苏东坡画竹子？苏东坡传世的两件东西里面就有他画的竹子的墨迹，一件在日本，一件在中国美术馆。邓拓同志收藏了以后，经北京所能找到的老一辈画家共同鉴定之后留下的，最后交党费了，全部收藏都捐给国家，收藏在中国美术馆。我们因为苏东坡就留下这么两件东西，就说他不是大师？那两笔您试试，您试试。王羲之一辈子一张"正式书法作品"都没有，也没有盖章，《兰亭序》不是草稿吗，这圈儿那儿改的，那不算大师吗？

人家活着的时候都不知道自己是"书圣"，是书法家，现在人都是太着急，"超前消费"，连名誉都"超前消费"，这本来应该死了以后可能得到、可能得不到的头衔，活着就用。"大师""巨匠"这样的词儿慎用，尤其是"巨匠"，那基本上是盖棺之后二三百年才有可能论定的，那轮到谁头上就另说了。做人得虚心，我父亲苦禅老人经常给学生讲，白石老人一辈子虚心这种品质最应该学。

李燕聊齐白石

徐：我多问一句，那您父亲的学生都有谁呢？

李：你要是现在问谁是李苦禅的学生，那我很难说谁是谁不是，我当儿子的张嘴就得罪人，那不行。我说你得自己去评，根据老师的要求去评。达到老师的要求的是真弟子，没有达到要求的就要打折扣了，打多少折扣您自己看，您自己评价。

徐：我知道了。就像据说某个快板大师去世以后，他的大徒弟在灵堂门口搁副板，想进去拜祭，称师父的，拿这个快板打一套板，你能打就算是他的徒弟，结果好些人就不敢进去了，因为他们不会人家那派的板。

李：所以要实事求是，汉朝人说的"实事求是"到今天还得说，因为还有好多人做不到呀！

还是说回白石老人吧。我觉得白石老人真的做人和作画完全是一致的，实事求是，朴素大方，永远虚心，永远上进。尤其是他晚年，同一个稿子《牡丹》，画了不知道多少张了。这是他放在家里没有拿出来，他第三代人拿出来出版的，就是一个稿，花和瓣、叶子，几乎都要散了，可是就是觉得没有散，刮多大风也散不了。那个生命力，最后表现出的生命力还那么强！字都题错字了，或者题歪了，看那画，还很有生命力！

还有他在晚年画的那《金鱼》，可能他眼睛不好了，那金鱼能把你打一个跟头，那么大。那都无所谓了，这个境界了，就是存下一件是一件。他当时不知道想起什么了，老先生画的这个金鱼，画完以后，怎么看像"灯泡鱼"，"望天儿"。我告诉你，毛主席给画家题字，我知道的，唯一的一张就是给白石老人这张画题字，他题的什么呢？"毕加索不过如此，毛泽东。"

徐：这画现在哪儿存着呢？

李：无价宝，这张画不许卖，这都得进国家档案馆。说给关山月和傅抱石画的山水《江山如此多娇》题的算不算？我说不算，那是毛主席写的小字，由老书法家魏长青等人给放大的，是摹本，不是原件。毛主席原件题到画上的据我所知就白石老人这一张，晚年很晚很晚画的，看毛主席的字也知道是毛主席什么时候写的，就差没盖章了，他倒不用盖章，就凭签字"毛泽东"，就可以证明那就是他写的，谁也不敢造这个假啊！白石老人在中国美术史上是一个特殊的传奇。

你的房子在日本，我的房子在中国

日本人问：『我的房子你为什么要买？』白石老人还是不抬头，边画边说，他说得很简单：『你的房子在日本，我的房子在中国，我没买你的房子。』就这么简单，又没话了。

徐：今年是咱们抗日战争胜利七十周年，我们都知道您父亲李苦禅先生抗日的英雄事迹，但是要说齐白石先生呢，我们都知道他是一个民间画家，而且也是一个以卖画为生的画家。在整个日本占领时期，齐先生都是在北京生活，那齐先生有抗日的壮举或者是不合作的这种故事吗？

李：有的，白石老人一生，他有他的底线，人生底线。曾经有贵人求他或者介绍他去做官，他不去，他说做官我就画不好画了。日本鬼子侵占北平的时候，他不跟日本人合作。"七七事变"不久，大家都知道，马上京津就沦陷了。这个时候，白石老人有一度曾经贴出布告来——白石老人有个习惯，爱在家里头或家门口贴布告——意思就是说近日身体欠安，不待来客。还有一次贴上了"官家人百姓门，百姓不祥"这样的话。

还有一度贴告示说"送礼者不画"，其重点在后头那句话，"与洋人译言者不画"，什么叫"与洋人译言者"？就是那个日本翻译官，不画！实际上在战前白石老人家里曾经有几位日本朋友，都是日本文人。这么说吧，日本文人相当一部分对中国文化极有感情，他们是友好人士，但是正像我父亲苦禅老人讲的，这些人在日本永远当不了政。当政的是一心一意要灭亡中国的，他觉得只有这样他的日本列岛才有发展。

而这些个日本的友好人士，这些文人，常年就住在北京，说一口北京话，还会唱京戏，在北京一住就是二三十年，完全融入汉文化，甚至有的认为自己可能就是徐福的子孙，他到这儿来，处处感觉到好像这个地方比日本更亲切。我就接触过这样的日本友好人士。

那白石老人身边也不乏这样的朋友，但是北平一沦陷之后，他跟有的日本朋友就公开讲了，说咱们朋友还是归朋友，但是今后我们最好少来往，因为现如今两国已成敌国，来往不便。这话暗示什么，就是家里常来日本人，老百姓、周围邻居就会怀疑这家人是不是汉奸？齐老先生要避免这个嫌疑。

而且在那个时候他画螃蟹，上头题着"看你横行到几时"，这用意就很明显了。还有的画天上一片红，那意思就是说，如今这个山河变色，我老泪如血，原文我背不下来了。反正这类的画他画过不止一张两张。这画显然不是为了卖的，那就是抒发他的一种爱国悲愤之情。

我的父亲曾经谈过这么一段事情，白石老人因为老不出门，对于外头的事情不太了解，经常受骗。有一处宅子，老宅子，挺不错，还挺大，四合院，那一看就是前清的一些有地位的人家住的。人家把房契拿来了，很贱的价钱要卖给白石老人，说我这急着等钱花。白石老人一时手头凑不起来，先给他一笔钱，用现在话说，首付多少钱。

这笔钱刚给没过几天，忽然间外头有敲门的，开门的是老太监老尹，尹春如，他开门。这敲门的是个日本军人，还挎着指挥刀。老尹还是老规矩："您找谁？"好多日本人都会说中国话。我父亲还讲，好些日本鬼子，如果不穿军装就跟中国人一样，他是辈辈在中国，经商什么的，实际上都是特务，生的儿子也是特务，在上海的说上海话，在北京的说北京话；鬼子来了，如果需要的话，穿上军装都有军衔的，比汉奸还好使唤呢，对中国侵略是他们的长期国策，非一时一事。

这个日本人就说："齐白石先生在家吗？"老尹说："你候着，我去传去。"还让这日本人候着呢，人家一下就进来了。老尹一拦："您别进来。"日本人上去俩耳刮子就给他扇那儿了，"夸夸夸"穿着军靴就进去了，直奔白石画屋。进去之后呢，白石老人正画画呢，抬眼看他一眼，一看是日本军官，就没话说，还在那儿接着画画，一句话也不说，就在那儿画画。

到底在北京日本人的政策跟在南京不一样，他很重视知名人士，因为他企图拉拢这些人士，制造一个"大东亚共荣圈"，"共存共荣"这么一个虚假现象，在北京城里头要维持这么一个虚假的繁荣现象。所以对这些有名的，特别是这些艺术家们，他还是大面上以礼相待的，所以在那儿就看着白石老人画画，估计他可能也懂几笔。

徐：日本人传统上也画水墨画。

李：对，日本人也爱写字画画，他们受中国文化影响才有书画嘛！看一会儿之后，看白石老人还不说话，根本就不理他，他就先开口了，说："我的房子为什么你要买？"原来是为这买房子的事。日本人进北京，这好房子都被日本鬼子占了，那卖房那个小子是拿着个空地契来卖的。日本鬼子占了房子他管什么地契不地契的，连中国的国土都成他的了，你们家的房契算老几？合着那小子蒙白石老人呢，至少把首付款给蒙去了。

日本人问："我的房子你为什么要买？"白石老人还是不抬头，边画边说，他说得很简单："你的房子在日本，我的房子在中国，我没买你的房子。"就这么简单，又没话了。日本人待着觉得也没趣，反正这意思也传达到了，就走了，临走还磕了一下皮靴，打了个立正："我告辞了。"白石老人还是没抬头，连平常说的"送客"都没有。

按说尹春如应该赶上去送，这老尹啊，挨着这俩耳刮子他也不敢送了。等日本人走了之后，这才过去把门关上。这全过程尹春如全听下来了，他后来跟我父亲学说的，要不我怎么知道呢。

等到日本人走了，这老尹就进来诉苦来了，"老爷子，您够福气，他一手指头都没动您，还跟您挺客气。您瞧我，您瞧瞧，这耳贴子打的，我哪儿受过这个？您说我多冤！"这老尹有时候有点儿小滑头，毕竟是太监出身的。白石老人兜里掏出一张票子给他，表示慰问慰问。

这是我听我父亲说的，我父亲是听老尹说的，可惜老尹走了，他要不走，那白石老人家里那些个各种事情，他是知道得太多了，而且又擅说、擅聊，平日的待人接物那基本都是他。

徐：老尹在齐先生家，算什么呢？就是算他齐先生的仆人、下人？

李：就是算一仆人吧。咱们说过，清朝一灭亡之后，好些太监宫女都赶出来了，赶出来之后，他们出来之后没家了，尤其太监，家里出一太监是耻辱，所以他们出来上哪儿去？那老太监、老宫女，有的就蹲在那个宫门口，在东华门那边直叹气。这有的拉洋车的可有本事，到那儿去了，"公公，您上车，您上车，家里住几天去"。什么接家里住几天去？真是到家里养着他还能活几天？对这些太监，我告诉你，他们随身带着那个小包袱你可别小看，那里的都是稀世之宝。拉车的图的都是那个小包袱。

太监不偷金银，金银在宫里如粪土，那皇上用的什么不是金的？连洗脸盆都是金的，你就是砸吧砸吧拿出一小块来，那也有价，稀世之宝可是无价的。他们很会偷，眼力也好。真是太监一死了，拿出去一件，好家伙那都不敢当面卖，那真有买主追着买。

这小太监可就不灵了，你连宫都没进过你偷什么？他们特别惨。所以有的就改行了，干些杂役之类，反正就是什么能吃饭干点什么。有人介绍说白石老人那儿缺个看门的，你年轻轻的，宫里这套规矩都学过，大面上不会失礼，到白石老人那儿去吧。

这个老尹啊，自到了白石老人家，张口闭口称白石老人"老爷子，老爷子"，方方面面照顾得特别周到。太监也没个家，就把白石老人那儿当成他的家了，忠心耿耿，一直到去世。

徐：老尹他是也按月结钱还是怎么着？
李：是，每个月给他点儿。

徐：给他点儿钱。
李：给他点儿，至少管饭、管住，这两样。

徐：后来这老尹什么时候去世的呢？
李：他是在新中国建国以后去世的，好像是"文革"前去世的。他那事多了，咱要聊起来也挺有意思的，包括周总理进门的时候也是他接待，那有意思极了。咱们先说日本鬼子占北平那阵儿，说这个话题。

白石老人在日寇占领北平期间，他坚决不与日本人合作，跟自己原来的日本朋友也都拉开距离。我觉得在民族气节方面，他没有任何失节行为。

至于说日伪的机构、协会，他不参加。咱们说了，白石老人宣布什么事，就讲究贴告示，这个也贴过，"本人不参加任何协会"之类。他那些告示可惜大部分都丢失了，这要攒起来不但是非常有意思的书法作品，而且还有历史价值，更能说明他的人生观、价值观。他那个布告，为了让人看清楚，写得相当地正规。关于白石老人布告的事也有很多趣闻。反正爱写布告，人家光写笔单，他爱写布告，在抗战时期，他就老贴着那个，"送礼者不画，与洋人译言者不画"，连翻译官我都不给你画。

所以那时候，他生活比较清苦，整个沦陷区大家生活都挺清苦。好在白石老人这辈子也没享过什么福，对这种清苦他是能适应的。

徐：那这个日本人的房子，后来也就不敢去了呗？让人骗了呗？

李：那当然了，那就白让人骗了。白石老人一辈子，所有挨的骗他都没法找后账，因为在社会上来说他是个弱者，他惹不起任何人。

徐：还有什么受骗的事啊？

李：比如说解放前发行钞票，不是像现在只有中国人民银行发行，那时候好多银行都能发钞票，币制特乱。为什么解放前干点儿事，都得是真金白银啊，就因为纸币不保险。那时候都讲究"条子""小黄鱼"，就是黄金啊；还有就是"大洋"，那是白银。大洋这里头除了有袁世凯头像的叫"大头"之外，还有孙中山头像的叫"小头"，还有外国出的那个叫"站人儿的"，叫"坐人儿的"，还有"美国鹰"，还有"墨西哥鹰"什么的。

徐：外国的也行？

李：对。为什么叫"大洋"呢？这个标准货币就是从外国传来的，在光绪年间就有了，那时候叫"大龙币"，它基本上有一定的含银量。

它方便在哪儿？你就凭着这个票面，它本身就有价值，这个银子有实际价值，所以不管你这个市场怎么变，这个金银它不动。过去是金本位，所以都讲究真金白银，真办事都得来点儿这个。

钞票浮动就很大了，我都记不清楚有多少种。银行印钞票，得有一定的压库底儿的东西，才允许你出多少钞票。马克思讲"纸币本身没有价值，它只不过是价值符号"。为什么人民币现在在国际上挺硬，我们国民经济上去了，世界第二经济大国，所以我们印的钞票它有人认。不像有的国家，印的钞票白给你都不要。

过去那银行印钞票不行，有的银行出现金融危机了，它的钞票就悬乎了。有的人有点儿内部消息的，都串通了以后，赶快去挤兑。什么叫挤兑？排着队挤，兑，兑换，兑换什么？兑换真金白银。什么叫挤兑挤兑你？"挤兑"这个词就这么来的。他把他的真金白银兑完了之后银行就倒了，有关当局就给打了封条，里头一个人没有，全散了。这银行都没了，可外头散着好些钞票，您去晚了，就是铁门和封条伺候。

徐：那存的钱就都？
李：完了。

徐：扔了？
李：那跟扔了一样，卖烂纸什么价？白石老人受过这个骗。我父亲到他老师家里去，一进去看白石老人面有喜色，站在画桌旁边抚摸着一摞儿钞票。

徐：钞票都能论摞儿？好家伙，不少钱。
李：可不少钱！老先生指卖画为生，自己的劳动换来那么些钱特高兴。我父亲说："恭喜老师，贺喜老师，这是哪位这么大方，给您这么多钞票？""方才来一个客人，好大方喔！他买了我的画，给了我这么多钞票。"我父亲一看："老师，这钞票毛了。""什么叫毛了？""就是这钞票拿去买东西人家不要了。""自古以来哪有钞票不要的道理？"——这钞票纸从宋朝，公元1100多年就有，中国人发明的"交子"，后来到发明什么"宝钞"之类，钞票的"钞"是这么来的，就是说自古以来哪有钞票不要的道理？我父亲说："那个银行都倒了，让人挤兑倒了，这钞票没人要了。"把这道理好讲了一番，白石老人这才听明白。

你要换一个人，闹不好当场能晕过去，白石老人大概也是这辈子挨骗挨惯了，再加上老先生实在度量大，就把那钞票提起来，放在自己画坏的画该放的地方，画案子右里头角下，跟着又站在画画的位置上，"苦禅，我们再画"。

"我们再画"，就这四个字。我父亲赶快把纸抻着让老先生画，老先生一点儿不受影响，就只有靠自己的劳动来弥补自己受骗的损失。

后来我父亲说："老师，您说现在谁还敢要票子，谁都不敢要了，或者要大洋，或者买点金子，金子体量小，又好存，遇着点什么变故随身带着就走了。"

徐：对，"乱世黄金，太平文物"。

李：这个大洋还有响儿呢，黄金没声。黄金要有声可就假了，黄金是"巴拉巴拉"的没有响亮声音的。

白石老人这个倒听到耳朵里去了，过了些日子我父亲去了，白石老人对我父亲很信任，他不保密，"苦禅，我托人买黄金了"，神秘兮兮地我父亲看，小金锞子，上头还盖着戳。我父亲一看，"老师，学生我虽然穷，家里没金子，我可见过金子，人家银号请我去画画，熟了，他们在那儿搬运黄金都不背着我。在那儿人家也有卖黄金的，怎么着拿个试金石划一下，看金子成色，上面点点酸水看起不起泡，完了再拿铡刀，往那个铡刀上一坐，给夹两半看里头有没有'夹馅儿'，这我都见过。我看过真金子，所以我知道金子大致分三等，上等为赤金，中等为黄金，下等为绿金，带绿头的，这就是铜成分多。老师我看您这金锞子，绿头还有余呢"。敢情齐老师又被人蒙了。

徐：不是金子？

李：是金子，问题就是铜成分多了。现在讲24K、18K，做首饰为什么使18K，因为22K太软，做链儿回头断了就丢了，必须得18K。现在还有蒙人的，"我画画用金箔，是标准的24K"，废话，做金箔不使24K做不了那么薄。

反正白石老人实在是不懂金子，究竟都买了多少，白石老人也没透露。好不容易，白石老人弄了60个小金锞子，这我父亲看过，这回不知道是谁给他买的，倒是赤金，60个小金锞子。

白石老人亲自缝了一个鸡肠子口袋，就跟那小鸡肠子似的，挺细的筒儿，把这60个一个个拿掸子把儿捅进去，然后封上口，亲自缝，缝完了之后跟武装袋似的，挎在身上。白石老人经过大灾大难，什么闹土匪这种事太多了，都怕了。为什么他那个画室安一个铁栅栏？夜里有跳墙过来抢劫的怎么办？所以夜里把铁栅栏关上。

就这还怕不安全，老先生愣不怕硌着，那"武装袋"睡觉都带着，就这60个小金锞子，大约一两一个。要给你带着，德亮，你也睡不着觉。老先生真是可以说这辈子穷怕了，经过离乱，怕了。

有一天，忽然间老尹太监跑来找我父亲，小声说："苦禅快去吧！老爷子丢金子了，老爷子丢金子了。"不能大声喊，让贼听见怎么办？我父亲想老爷子看护这么严，金子怎么能丢呢？就去了。到那儿一瞧，白石老人满脸愁容。我父亲说："怎么回事？丢了？"白石老人说这个袋子断了，金子掉出来了。我父亲说："老师您别着急，您这儿坐着，学生我替您数数。当初您往里装的时候您可给我说了60个，是不是60个？""是，60个，60个。"

徐：湖南话，"录十个"。

李："好，您看着，我给您全捋出来，好，您在这儿看，1、5、10、15、20，数到60，您看没丢吧。您再看着我——"我父亲学老师拿掸子把儿一个一个往里续，1个、2个、3个、4个、5个，一直念着，60，我父亲还学着他的湖南口音，"录十！"还学这个。"您看，连一个锞子影儿都没丢，您看清楚了吧？"老爷子当时就乐了，平常都乐不露齿，老先生习惯一乐就捂嘴，这回也不捂嘴了，满口牙都露出来了。

"下头的活儿学生我就不敢代劳了，您老先生自己缝吧。"白石老人又自己缝去。敢情是他这么天天挎着，磨得开线了，开线还不是打接口那儿开的，是旁边那接口，可能这针脚有地方稍微稀一点，这么开的。还特意说"这活儿学生我不能代劳了"，一定让老爷子放心，特别了解齐老师的心理活动。

反正白石老人这一辈子，知道不知道的，是经常被骗。还有卖画，说好的这张10块大洋，实在的，白石老人那画说实在的，10块大洋，有时候4

块也卖，毕竟是大洋。大洋贵的时候那是两块大洋能买一袋加拿大面粉，那时候叫"洋面"，"伏地面"是土面，那便宜，最好的面是加拿大面，叫洋面。那位说好了给十块大洋，四尺条幅，白石老人挺高兴，画好了两条儿。

徐：两张四尺条儿，二十大洋。

李：二十大洋，这生意是蛮不错的。那个人一看，"真好，真好，老爷子您卖力气了，谢谢！谢谢！"卷完了之后就搁在他那个包里了。老爷子瞪眼等着，还没给钱。那位就从包里头拿，哗啦哗啦还有响儿，一块块往外拿。白石老人在旁边看着，心说怎么拿这么慢？拿出来之后，这人开始嘬牙花子，白石老人这听得懂，只要一嘬牙花子这钱就嘬回去了，做生意有时候就怕嘬牙花子，就觉得不妙。这人就说了："这怎么说的，我这出来明明带着二十块大洋，怎么就剩八块了……我想起来了，路上碰一熟人，我欠他点儿钱，他让我赶快还他，我从这里拿了给他了……下回再补，下回再补。"下回啊？我到现在也没见听说他给补上。

这白石老人脸皮特薄，也不能说追出去把画抢回来。包括有人说，来买画的钱少给了，白石老人拿刀把画裁下一点儿去，根本没那事儿！白石老人不干这事。反倒是挨蒙这类事多，有些人想办法坑他点儿，蒙他点儿。

徐：这样跟他熟的人知道他这样更得坑他了？

李：不，他特别熟的人倒不坑他。他这脸皮薄都传到外头去了，所以才招这骗子，周围很近的人不会。他交的朋友要是不信任的人，说实在的，老尹那关就不让进。有的人就是这个待遇，咱有的不好提名道姓了，有的人去了一敲门，老尹就说："老爷子说了，您别来了。"你就连他大门都进不了。有的徒弟做的事情有点不太对得起老师，咱不好提名道姓，等八百年后我再说吧！

徐：徒弟们到门口也是老尹先开门？

李：对，这是规矩，到老师家里头先敲门。老尹开一扇儿："贵客临门，您候着。"就赶快开两扇门儿，还跟前清的礼数一样，打千儿，"有请!"高声喊一下,"有客到""有贵客到",就这样。

周总理头一次去访问白石老人,敲门,老尹照例开一扇门,露出脸来。总理当时就乐了,他长那样,又不长胡子,跟老太太似的,嗓还挺尖:"哟,您来了!"赶快开门,"您请",跟着打一千儿,马上还没站起来就喊:"总理大人到。"周总理说:"怎么这样叫我,我怎么是大人?""您可不是总理大人?"周总理就乐了:"你是谁?""您不认识我我可认识您,您忘了街上有您的像,我可认识您,您不认识我,我是给老爷子看门的,您叫我老尹就行了。"

往里走,老尹这人确实伶俐,他慢慢地送,总理多敏感,说:"看来你有话要讲?""对了,您猜着了,真有话说,说实在的,我这给老爷子看门也算看半辈子了,我这没挣着什么钱,还欠了钱。""你欠多少啊?""反正少说也有一百块,有人说二百的,反正我也是虱子多了不咬人,欠多了反正也就那么回事了。"谁知道说的真的假的,太监有时候爱占点儿小便宜。

总理当时就跟秘书讲:"从我的工资里面给他拨一点吧。""谢谢总理!"这又打千儿。总理说:"不要谢我了,人民政府关照白石老人,以后好好地伺候好老先生就行了。""谢谢总理大人。"说着这都走到白石画屋了。

老尹这角色要是拍《白石老人传》真是挺有意思的,相当于生旦净末丑的丑,"无丑不成戏"嘛。

徐:丑角在戏里可重要,可不是让人笑笑就完了。

李:对了,他是"社交润滑剂",好话赖话都打嘴里说得出来,是第一道关。周总理确实非常关心齐老先生,咱们以后可以专门再谈,白石老人真是在关键时刻都有贵人之助。就在沦陷的这八年,白石老人确实是画卖得很有限。

徐:我看启功先生写白石老人的事,文章中说,沦陷以后,当时伪政权把聘书送到齐先生家,结果齐先生写了"齐白石死了"又退回去了。

李:那个时候,我父亲跟白石老人一样,都把这个所谓的国立的这些学校都辞了,因为那时候哪有国立的?沦陷区的都等于是日本人掌控的。

徐：但是白石老人是指着卖画为生，指着教课为生，他不教课了就没钱了，他不卖画了也没钱，怎么生活呀？

李：他教课没什么钱，主要是他也不大到学校去教课。抗战胜利以后，悲鸿先生请他去，他还很勉强。他老有一种什么心态呢？我也没什么学历，上大学去当教授那我哪儿能去呢？他也是虚心，另一方面他有点过分的谦卑。要不后来白石老人上课，徐悲鸿在旁边坐着，等于替他站脚助威。白石老人他习惯就是在家里授课，弟子到家里来，一边说一边动笔。悲鸿先生也是这样，我父亲也是这样教学，一边讲着一边就示范，这个很直接，学生学得很实惠。

在这之前他主要不是以教课为生，主要就是靠卖画为生。

徐：那抗战时期兵荒马乱的，谁买画啊？而且当时有权有钱的日伪的那些人他又不卖。

李：像我父亲在抗战时期，他参加了八路军地下工作，一切资金自己筹措，那靠什么？我父亲都不教书了，偶尔在私立学校担任几堂课。现在老话剧演员，去世的杜澎，那是当年我父亲的学生。我父亲基本上也是靠卖画，但是卖画没有保障，都卖给哪儿呢？基本上卖给前门银号。现在那大楼还在，那是个老银行，柜台挺高，在荣宝斋工作的时候我还去过呢，我看到过运黄金，那个地方现在成保护文物了。

银号有它的交际，交际也讲送礼，送礼有大礼，也有一般的礼品，也有小礼品。那时候有一个风俗习惯，送扇面，然后找人镶扇骨，请名家画几笔。再有就是送条幅，四条屏，偶尔他们订画。

那时候不是说每家安电话，那电话不是一般家安得起的，我父亲那时候更安不起，另外搞地下工作的家里头也不许轻易安电话。我小的时候，解放以后，一条街一条胡同也才一个公用电话。"找谁？""找徐德亮。""等会儿啊。"电话那头儿就在那儿等着，那边不能挂机，这边跑出去叫去："徐德亮，电话。"你听见你得赶快去，别占时间长了。

那时候都得这样，不是很方便。订画往往就是让小伙计去找，什么时候要活儿，什么活儿，四条屏，还是扇面，还是斗方……但是这个没保证。

徐：不一定什么时候要？

李：对，不一定什么时候要。有一回来生意了，定一百个扇面，我父亲这高兴。一百个扇面，我父亲为这个自己发明了一个画扇面的夹子，现在我还存着，这都是革命文物了。用个自己做的木板，拧的夹子，这个扇面不是不平么？先拿湿毛巾擦，擦完之后拿这一夹它就平了，效率高。他自己回忆就这一百个扇面，这真急着用钱，他自己讲，是一共花了三天三夜，只睡了一宿半的觉，就连着把它画出来了。早点儿画结账给钱，这是一个挣钱的门道。

还有个别的活儿，是属于个人也是有送礼的需要的，不是银号送礼，个人送礼，托人来订。那个就更没指望了。银号相对来说还是经常有点儿，白石老人基本上都是这活儿。

再有一个就是天津租界订。当时的租界是国中之国，尤其法租界，特别是后来二战中法国一投降，成了轴心国的成员了，当然也是日本人说了算。但是毕竟租界政策跟租界以外不一样，有钱人都愿意住租界，相对局面比较稳定。另外有些钱能有处花，甚至里头还能够过花天酒地的生活。溥仪不是有一段回忆，民国时期好些达官贵人都是在那里当寓公嘛。离北京又近，形势稍微有利他们就跑北京来了，形势一变又回到租界去了，往往是这样。所以当时我父亲卖画，主要还是到法租界卖画。

徐：白石老人也是差不多？

李：也差不多，就这点路子。一般老百姓有点儿钱还买混合面，谁买得起画？没这雅兴。那年头，卖画也能卖，但没有保证。反正最困难的时候，我父亲自己一天吃一顿，吃一顿就喝点儿粥。钱多了都提供给地下工作用了，要不苦禅老人讲，共产党是最穷的党，一个钱没有，给共产党帮忙也没说给你点儿什么报酬，没有。一旦有点儿需要钱的事，既然你爱国，你就想办法攒钱去，就这个。反正白石老人那时候也是勉强维持生活，可以讲就是这样子。国都快亡了，家还有什么日子好过啊！

虎威上将军，边款：白石

做工是老的，石头也是老的，肯定是曹锟把原来的印面磨了，然后由齐白石刻的。刻的什么字？「虎威上将军」，边款：白石。现在能够找到这样的东西，实在是难得。

徐：白石老人这一辈子就是一个纯粹的画家，人家说，大千先生可能社会交往的时间比画画的时间都长，白石老人天天就是屋里闷头画。但是我们有句话叫"酒香也怕巷子深"，他不自己包装自己，怎么能让大家认可呢？别人又凭什么花大价钱去买他的画呢？我觉得应该有高级的人物帮他。

李：对。我们古代有这么一个说法，叫"贵人之助"。所谓贵人就是说在权势上和金钱方面比较厉害的、社会地位比较高的人。如果说这样的人有雅兴，有善心，帮助了一些他认为很有才能的人，这将会对这些人的人生起决定性的作用。有贵人之助很重要。我们在历史上恰恰发现有些人在艺术上很有能力，但是就缺少贵人之助，有的甚至穷困潦倒而死，直到身后才被发现。

陈子庄的画水平不低，格调高，当年60多岁，他拿画一卷，上画店去卖，人家刚看几张，就都让拿出去，不要！他去世以后，徒弟们把他的画展览出来了，了不得了，后来值钱了。那时候他穷到什么份儿上？地上捡一张巴掌大的小纸也画一张画。

徐：买不起纸？

李：就到这份儿上。还有学生给拿来的纸，拿多大画多大。到他去世之后，社会上忽然发现这么个人才，好家伙，在北京饭店开的新闻发布会。我真是没见过画家新闻发布会在北京饭店宴会厅开的，就是大金龙柱子那个大厅。发布会那天我去了，摆多少多少桌，不知道哪位贵人赞助的。从那儿以后，这个画值钱了。就这一小块画，在当时的物价情况下，刚改革开放，就卖1万块，不得了！

徐：那会儿有个词叫万元户，一家人有1万元的存款都是了不得的，他这一张画就1万块！

李：他还有这种情况，一张画画两张，这是什么意思？一张画画两张怎么画？宣纸正面画完了，画瘾上来了，没纸，又翻过来画，两面都画，但是这画就废了，因为生宣一画就透过来了。但就那也值钱，而且那绝对是真的。再往后麻烦了，你看市场上陈子庄的画有的是，反正什么一值钱假的就多了。

徐：那就是陈子庄先生一辈子没遇见这种贵人。

李：他就没遇到这种贵人。所以这很影响他的艺术发展。但是我觉得齐白石大师他非常幸运，第一，他有天资，这个很重要，爱迪生有这么一段话，说："人一辈子成就99%靠的是辛勤的劳动，1%是他的天资，就是天才。"好些人引话断章取义，到这儿就打句号了，可人家后头还有呢，说："但是这1%比那99%更可贵。"

我现在72岁了，我亲眼看到好多画家，一辈子人也好，也下功夫，就这么说吧，作为一个画家，做人作艺没得挑了，但是直到去世，90多岁，那画儿也不行，缺什么？就缺这1%。

徐：没有这天才。

李：可白石大师首先具备天才，这是绝对的。第二条，他有功力。这九十多年，他也不懂得什么补养，怎么想着办法吃点什么好的，什么鹿茸人参海狗肾，他没吃过，要不他那鼻子早上火流血了。皇上天天老吃好的、大补的，可平均寿命才34岁。白石老先生他不知道吃这些东西，朴素极了，就是喝粥吃小咸菜、家常菜。

徐：这反倒好了。

李：齐老先生一生清心寡欲。外边一些活动，所有的学会，一概不参加，应酬场面这些事情基本上就不参加。只有盛情难却，极个别的事参加。还有时参加了之后，发现又让别人涮了——他都不知道为什么让他去，等于拿他当个人幌子，好像打牌"三缺一"，临时找来了，并非说重视你。有时白石老人去参加会，去什么角色他自己都不知道。基本上来讲他是全力以赴地画画。

第三，白石老人有贵人之助。曹雪芹这辈子就没有贵人之助，一部书没写完，或者说写了没传下来，就剩了80回；到老了又穷又病，一穷就容易病，一病又看不起，那就去世了。曹雪芹去世到今天才两百多年，那现在他的坟在哪儿？手稿在哪儿？遗物在哪儿？一样跟他直接沾边的东西都没有。可是马王堆那老太太，就是马王堆汉墓那个⋯⋯

徐：死两千多年了。

李：可是她周围东西一样不缺，包括肠肚，一样不缺。所以有时候历史安排一个人的命运真是不大公平，当然也不可能平均。刚才说到白石老人，一有天分，二有功力，第三很重要的一点，他有贵人之助。如果没有贵人之助的话，在30岁上下，在湖南长沙一带出名的齐白石，那也就是一个地方画家而已。

徐：说现在的话，小名头。

李：小名头，名不出百里。

徐：可能拍卖会现在一张拍个几千块钱还不好卖。

李：对。这个人不知名，价格就上不去。但是，在他一生几个关键时刻，都有贵人之助。首先发现他的人才的是一位夏午诒先生，他是一位家里很有钱的贵公子，跟上层也都有一些结交。就是他发现了齐白石这个年轻小伙子，把齐白石引荐到北方，从而决定了白石大师日后的艺术道路。

徐：夏先生在白石先生早年对他有什么样的帮助？

李：可以讲，没有夏午诒先生的引荐，白石老人不可能到北方来，在北方来说，当时的文化重镇在河北直隶，那时候叫直隶，省会不在石家庄，在保定府，很多达官贵人都在那儿。白石老人有机会在他30多岁的时候，能够到保定，这对他一生的艺术道路影响是非常之大，或者说决定了他一生的道路。我们都知道白石老人"五出五归",咱们讲"读万卷书,行万里路",可是行万里路谈何容易?你就算现在旅游还得花不少钱呢。"五出五归",中间还有一次是乘海轮到上海。在白石老人年轻的时候,以他那个收入来说,尽管在当地小有名气,这么长途的旅游,可以讲是办不到的。

徐:穷家富路。

李:穷家富路是一方面,更何况当时地面上也不安静。实际上,在大清国灭亡之后,各地军阀都是割据的,各有各的地盘,平常相安无事,互相还挺客气,但一旦有了利益冲突,这就该混战了。今儿咱俩说好了不打仗,没准儿明儿又翻脸了,我可能又跟你过不去了,所以当时地面不安静。如果没有贵人在旁边保护,连安全都谈不到,哪还有什么"五出五归"呢?可以说,齐白石能够在年轻时代由于贵人相助,"五出五归",遍览祖国的大好河山,对他这一生来说,作用实在太大了,由此心胸开阔了,眼界开阔了,见识开阔了。关于夏午诒先生怎么帮助他,怎么到北边来,以往不少人也讲了,而且讲得相当多,因为他们看了张次溪先生写的东西,看了白石老人自己写的自传,所以这方面谈得都非常多。但是,往往有时候因为有些历史的节点,好像有的人名字不易提,犯忌讳。譬如咱今天要说的这位白石老人的贵人,大名鼎鼎,当过一任民国总统,虽然时间短,但是人家确确实实当过大总统,这位就是曹锟。

夏午诒在1921年至1923年任曹锟的秘书,他介绍了齐白石到曹府作画。当时曹锟任直鲁巡阅使,是直系军阀的头头,权势很大。他是齐白石接触到的第一位"民国政要"。他一直是北洋系的大员。在齐白石先生到保定的时候,在当时来讲,可以说他很有实力,坐镇保定。他这个人很有一些雅好,喜欢刻图章、写字、练书法,还爱画画。白石先生由于夏午诒的引荐,就认识曹锟了。

徐:直接就认识曹锟?

李:对。可是他认识曹锟的时候,已经是民国初期了。由于在清末北洋系的军队比较强,那时候"有枪便是草头王",没枪说话就是一点儿用没有。曹锟他是1921年进驻的保定，1922年当的总统。说起来，一提起曹锟，大家总是跟他的"贿选总统"这件事联系起来，只提这一件事，好像这个人的名声就不好了。我觉得是不对的。咱们讲看问题，要全面地看问题，不要片面孤立静止地看问题。一个人的一生是很丰富的，他有时候表现不尽如人意，有时候表现可能就让人相当佩服。曹锟他怎么当的总统，我们不能离开那个时代背景。那个时候，封建专制的清朝代表着的长达两千多年的封建中央集权制社会结束了，但是中国究竟建立什么样社会制度的社会，那段时间，大家都在思考，都在试验。比如说学习西方的总统制，下面就是议会，或者上院下院，不管怎么着，由一个总统下面再设国务总理，再各部部长，这是想学西方的一套。总统这就不能靠血统了。

徐：原来是你要不姓爱新觉罗，就不能当皇上。

李：而谁当总统就得有一定之规了。一定之规是什么？选吧！由这些议员们选。实际上现在有时想起来，那会儿的一些事跟儿戏似的，这些军阀们都愿意尝尝当大总统是什么味道，你也尝我也尝，所以那几年有过多少位大总统，谁上去谁下去，你现在让我背我都背不清楚，跟走马灯似的。上了没多久，你下去吧，该我了。可你也不能待长了，我也当当。实际上，咱们这么说吧，袁世凯他要是就安心就当个大总统，别当皇上，没准儿他还能多当几天。他一想当皇上，中华帝国的皇帝，那人家各路军阀都成您的大臣了，凭什么？您要说复辟明朝，您姓朱吗？您不姓。您要复辟清朝，您又不是爱新觉罗。您姓袁，您哪儿来的？那不是跟我们都一样吗？名不正言不顺，所以各地都宣告独立。宣告独立了之后，那你就剩光杆皇上了，于是袁世凯一气气死了。

之后的那些大总统，其实就是说，你当了大总统，到哪儿都称你为总统，只是落个名义而已，实际上该谁管一摊儿还谁管一摊儿，别人那摊儿你管不了。

说实在的，当时你北京出一贼，你跑山东抓去，不行！你干嘛？你是密探不是？谁知道你什么意思。所以说那时候有些流窜作案的，那是非常方便，各有各的地盘，便于流窜。

徐：我看《中华民国史话》，就民国头几年，风雨变换，但老是那些人，甭管谁当总统、教育总长、工商总长、交通总长、财政总长，什么这个总长那个次长，老是那些人，看历史的时候这些看得特清楚。

李：谁上去下面也得有些干事的。

徐：王士珍、唐绍仪、靳云鹏、靳云鹗，反正老是那些人。

李：对。老是那些人。所以鲁迅说"城头变幻大王旗"，大王旗不断地变，但是实际还是那么回事。总而言之当时来说，所谓总统，当总统的也不认真，下面这些老百姓也不认真。在这种情况下，曹锟他落个"贿选"，那就是贿赂选票。这个贿赂选票当然是不好的事了，但实际上是怎么回事呢？他没那么些钱，你投我曹锟一票，我给你4000块大洋，4000块大洋那了不得呀！

徐：后来还特地有说相声的写了一个相声说这个历史，这些议员选他就给钱，那些议员不选就不给钱，怎么不给饭吃，怎么不给过大烟瘾……还有这么一个相声。

李：这个怎么说是笑话呢，实际是空许。你徐德亮投我一票，我当了总统之后，我给你什么什么，那是以后的事，当时他自个儿拿不出来，没那些钱。这事还不是别人说的，他自个儿都说了。当几天大总统下来，该换别人了，这下野大总统最安全的去处就是住在天津租界当寓公。租界在中国是一个很特殊的现象，是国中之国。在中国领土上各国列强都租那么一块儿，到了租界之后，司法权都是外国的，中国都不能介入了，出个犯人终审都得由他那儿的司法机构来终审。在租界里住着，从政治上来说，从自己的财产保护来说，比较安全。一瞧局势不错，离京城不远，240华里，得，您进来，给您委个事。时局再一动荡，他又回去了。曹锟下野之后，也就当寓公去了。1927年他就住在天津英租界的19号路（现为河北路34中学）。

现在你要到那些天津老租界，这都查得出来，这座是当年谁谁住过，那座是谁谁住过，当然也包括溥仪。所以成为一个很特殊的文化保护区。中国近代历史就浓缩在天津的各个租界。

徐：段祺瑞也是。跟黎元洪俩人抢那总统，最后等到夜里12点，因为老段有枪，他说我当你就当不了啊。但是各个方面又支持黎元洪所谓"再造共和"。最后段祺瑞跟黎元洪的人说："你去跟老黎说，老段绝不当这总统。"

李：斗个你死我活，还挺给留面子，真不是说，我当总统就要你的命，还真不是，互相原来都是老熟人，都是北洋系的，整个这块地方，南方的革命势力相当不容易打倒。为什么袁世凯能当上民国大总统，说"窃国大盗"，这说实在咱不是替他说话，咱不跟他沾亲带故，这个权能随便窃吗？钱包能窃去，手机能窃去，国不能随便窃去，这说实在的，是孙中山把权让给他了，大总统让给他了。

徐：当时有谈判。

李：到北京来谈判，最后孙中山去世也在北京。所以这里头有好多事情，我就不重复了，因为民国史现在大家都说得挺多。回到夏午诒，我也不多说了。

徐：得说点别人不知道的。

李：或者有知道只了解一个方面。咱们还是谈年轻的齐白石和曹锟之间的关系。曹锟他一见齐白石就觉得这个年轻人很有才，他这人很爱才，就请他给自己画画。他是点题的，他最崇拜的两位古人，一位是关公，一位是岳飞岳武穆将军，请齐白石给他画这两张像。这两张画我是没见着，据说在天津艺术博物馆藏着，上头题着"虎威上将军命齐璜恭摹"款。究竟出不出画册，展览不展览，不知道，这我就说不好了。我只说听我父亲苦禅老人谈过，他说齐老师跟曹锟那是好朋友，曹锟对他非常地器重，并不因为说你出身好像很卑贱，木工出身，因为这个就瞧不起你。为什么叫"贵人之助"？就是因为贵人他把这些有才能的年轻人，不当成贱人，平等相待，甚至齐白石耍点儿脾气，他都能够容忍。

再退回一点讲，在慈禧还活着的时候，夏午诒、樊樊山要介绍齐白石到慈禧身边，替慈禧代笔。

徐：内廷供奉。

李：你说这多好的差事，但齐白石有底线，不当官，他认为"做官画不好画"。当然有先例，吴昌硕画得挺好，他赶上清朝末年了，有人推荐他去做县令。好，这位大人这个案上放什么？铺上毡子摆上文房四宝，来的人不是谈公事，都是画画、写字的，天天写石鼓文，要不就作诗，一唱一和，这哪像县令？推荐的人也觉得不合适，您还是回去画画吧！吴先生回去刻了一方印"一月县令"，当了一个月的县令。

我有一次出去访问台湾，承蒙领导错爱让我当访问团的团长，当了7天，既无聘书也无解聘书，回家我也刻了一方图章叫"七日团长"，就是学人家"一月县令"，拿自己开涮而已，不必当真。

白石老人恐怕看到在官场上有些事情影响自己的艺术实践，特别是影响艺术思维，断然不当官。夏午诒给他一个差事，就找一个名正言顺的办法给他点儿钱。什么差事呢？教他姨太太画画。实际他姨太太也不是这材料，到现在我也没见过他姨太太的一张画。这就是为了舆论上好听点儿，等于请了家庭教师，这么带他进的京。

实际上曹锟又何尝不想给他个官做做，说实在的，就是吃空缺。

徐：吃空饷。

李：对，不用干活，到时候给他支银子。粗算，在保定期间，给齐白石筹集的银两不少于2000两，按当时的物价来说，至少1两银子是一担粮，一担粮可是100斤。那时候银子不像现在，现在银子不是货币，每天一个价，跟黄金一样，比如1克5块钱，没手工费，明天就1克6块钱了，后天就1克4块5了。那时候不一样，那时候银子是货币，相当稳定，直到袁世凯的时候出了大洋，它也很稳定。后来钞票很毛，谁都不愿意要纸票子，都愿意要银子，现银。所以那时候给他筹集的估计不少于2000两，很给力。

徐：筹集银子怎么给他呀？
李：往往就是以笔单的形式给他。

徐：这么看曹锟这个人挺大方。

李：但是再大方他也贿选不起总统。说回刚才谈到的贿选的事。为什么是个笑话呢？曹锟后来当总统当不了，回去又当寓公去了，在天津那儿，每天出来遛遛弯，跟街坊邻里过路的聊聊天。谁都认识他，见面还叫他"曹大总统"，他就说："别叫了别叫了，我不是大总统了。"夏天弄个大蒲扇，穿上单裤单褂，弄个马扎儿坐在那儿，人家也弄个马扎儿坐那儿跟他聊。包括卖糖葫芦的什么从这儿过，也跟他聊，说："好家伙，您老人家当这总统，这一张选票听说4000块大洋，就靠我卖糖葫芦，我卖一辈子也卖不了这么些钱，您这钱哪儿来的，我们想打听打听，什么时候咱也发发横财。""去去去，我哪儿来那些钱，我连白条儿都没开。"

连白条儿都没打，它就是这么回事。中间还出了事，这贿选消息按说应该是保密，还保不住密，都传出去了。投票那天，群众各界，都聚在那儿，不是夹道欢迎，是夹道嘲笑，指着议员骂："你小子得什么钱了？你拿着现金多少钱？你究竟拿多少现金？！"吓得有的议员脸皮薄，跑回去了。后来找一个秘密的地方秘密投票，按说这不算数，投票还得有公开唱票的，还能秘密投票？总而言之，他这贿选总统，真是有点像闹剧，别太认真。

咱回头再说，他不当总统了，街坊邻居照例叫他总统，纯粹拿他逗哏，他就说："别拿我当傻子，别笑。"直摆手。

这个人说实在的，他不会理财，也不会管家，这期间他好多财产让他姨太太、让管家什么的，偷偷都给转移了，他还不知道。反正他钱也多，只要不威胁到他吃饭、吃药，他感觉不出来。

可以说，他对年轻的齐白石有恩。齐白石一辈子有这么一个传统的道德，就是"滴水之恩当涌泉相报"，他后来经常主动地给曹锟画一些画，而且画得都是特别精，一看就不是应酬画，也不是一般商品画。商品画是论尺卖，有的一看就不是代表作。

徐：就是换钱的。

李：您不是做寿吗，订俩桃，我就画俩桃；说您画一对绶带鸟，点我就画，不点也就不画了。但是白石老人主动给曹锟画的画，都是属于特别构思、特别构图、特别题材的东西。譬如说小孩放风筝，还不是一个小孩，那个精极了，到现在我也不敢画放风筝，那根线太见功夫了，值钱就值钱在那根线上。临别的都能临摹下来，这根线您临摹不了，硬了，铁丝的，软了，你放过风筝没有？那风筝得就着风那个劲儿，白石老人年轻的时候放过风筝，一看就有这生活。

还有一个，曹锟他信佛，佛家有这样一句话，一棵梅花树就好比是一尊佛，而梅花朵朵皆是佛，这里有佛学的道理，就好像谈恒河一粒沙，你别小看。

徐：一粒沙中藏三千大千世界。

李：对了。"于一毫端现十方刹"，什刹海的刹；在一个毫端，一个小毛儿的尖上就能够有十方刹，那就是很大的空间了。它是佛学上的一些道理，在你看着微小，但它里头蕴含的并不小。这个话后来也被西方科学家发现了，他们很惊讶！可不是，微观世界到现在也探不到底，小里头还有小，到哪儿算个底？跟宇宙大外头还有大是一样的，居然现代科学考证出来的事两千多年以前佛祖就说了。

惠子说："至大无外，至小无内。"大外头还有大，大外头还有大，哈勃望远镜看着，一百三十亿光年还没到边。小呢？离子，再往下小，小到夸克，再小，现在我们仪器看不见，看不见不意味着没有。所以究竟它们之间是什么道理，咱们在这儿就不细究了，让天文学家、物理学家和哲学家合而为一去思考，咱还回到曹锟信佛。

他特别喜欢画梅花，这是他常画的题材。拍卖行有时候也看到他画的梅花，有的是白梅，有的是红梅，还相当有功夫。

徐：曹锟也能画梅花？

李：曹锟不但画梅花，梅兰竹菊都画。齐白石也给他画过红梅。从画法上说，画梅花两头最难，一个是极简，一枝梅，俩小骨朵，这个难。还一个是繁梅，繁而不乱，难。他给曹锟画的红梅是繁梅。

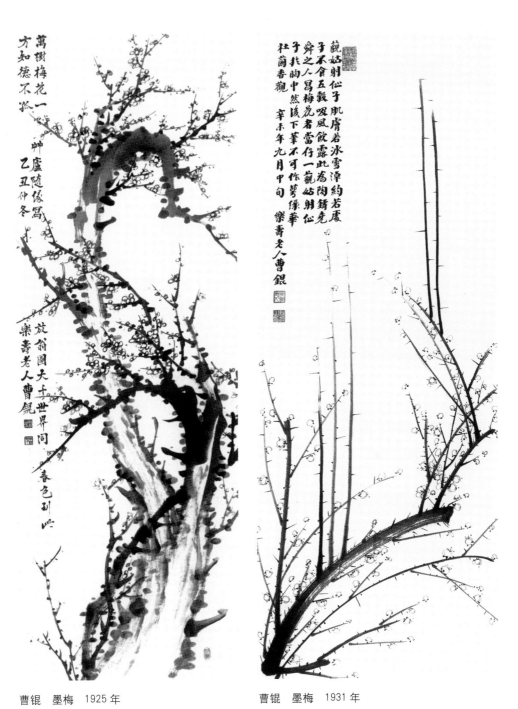

萬樹梅花一方知德不孤

艸廬隨緣寫

乙丑仲冬

放翁圖夫于世界同 春色到此

樂壽老人曹錕

曹錕 墨梅 1925 年

觀姑射似子肌膚若冰雪淖約若處子不食五穀吸風飲露此為閬鑄堯舜之人寫梅花者當作一觀姑射似子托胸中然後下筆不可作尋緣華杜蘭香觀

辛未年九月中旬 樂壽老人曹錕

曹錕 墨梅 1931 年

徐：就是特别多，花连着花，花连着花，就叫繁梅。

李：曹锟曾经自制一方印"万代一如"，是他的法号。他是居士，自古以来在家信佛修为的叫居士，曹锟叫"一如居士"。如何解释"一如"？就是指的真如之理，不二不异，平等无差别，古称"一如"。这是在《摩诃止观经》卷五提到的。还有"一如观音"，是观音菩萨33个化身之一，它的寓意就是"万法一如"。像这些佛门上的话我就不多说了。总而言之，"一如"是有来历的，曹锟他信佛，作为一个居士来说，他用这么一个法号，毕竟用得比较晚，大家不知道。齐白石还为曹锟刻了不少印章，边款刻"布衣齐璜"，布衣就是普通平民的意思。

还有这么一套四条屏，就是白石老人给一如先生，也就是为曹锟画的，是六尺纸的四条屏，一般他都画四尺纸的四条屏，这是六尺的，极为罕见。每条上面都有草虫，而且不是一个，每幅都有两个。

徐：四条屏画的都是什么内容？

李：他为了取得一致，成一套，画的都是带蔓儿的、爬蔓儿的植物，有紫藤，还有一幅是葫芦，都是有藤蔓的，老南瓜，再一个是丝瓜，丝瓜还开着花。要说丝瓜那么大了，就没花了，这就为了美，还顶着花。这画上头，每个上头都俩草虫。

徐：白石老人的工细草虫画起来是太费劲了。

李：你看这四张为什么说是一套？这四条不是每张都非题上款不可，照老规矩就只有一张题："一如先生清正，三百石印富翁齐璜，作于寄萍堂。"寄萍堂就是他那堂号了，底下盖的印章也很讲究。整个说，品相非常好，非常完美，像这样的画实在少见。

徐：他这个是先画完草虫，再画藤萝、葫芦，还是先画完藤萝、葫芦再添草虫呢？

李：他一般是先画草虫，然后再添大写意的配景。

徐：那等于是先得把构图都构好了，完了再画草虫。

李：对，得留出地方来。比如说蚂蚱或者是蝈蝈，它趴在哪儿，你得想好了，不然它趴得不是地方。

徐：对，它不能凌空待着。

李：还有蜻蜓在哪儿飞，你也得给它留出空间来。

徐：这都是白石先生给一如先生画的？

李：对。

徐：那一如先生都给钱吗？

李：肯定给钱，还不少给。咱们再举一个例子，有一次人家给我看一张白石老人的长卷，拿六尺纸接的，三张六尺纸的条儿，手卷，三六一丈八。我一听就一愣，我还真没见过白石老人一丈八的长卷。

徐：我也没见过齐白石有一丈八的手卷。

李：而且"迎首"还是他自己写的，写的什么？篆书"可惜无声"。他只要画草虫，包括册页，常写这个，"可惜无声"，就是我这草虫跟真的一样，就差没声了。自己对自己的草虫很得意。刘继卣老师说，齐白石老先生的草虫可以讲，在宋朝人之后绝对第一，而且是不亚于宋朝人。刘继卣老师这么高的评价，可是不轻许人的。

我一听，我说我得拜观拜观，我一辈子见过师爷白石老人的画多了，一丈八的，我连听都没听说过。有人说，别看了，一丈八准是造假画，蒙人的。我说，这都是不严肃的态度。你没看，你没有调查研究就没这发言权，是不是？你还没看你就说真假，它有特例怎么办？

结果，白石老人一丈八尺长的手卷，我真见着了。

徐：一丈八的手卷，齐先生真有这么长的画？

李：一丈八的手卷，而且是他自己题的。这个手卷刚才讲了，三张六尺

齐白石　四条屏　176.5cm×40.6cm

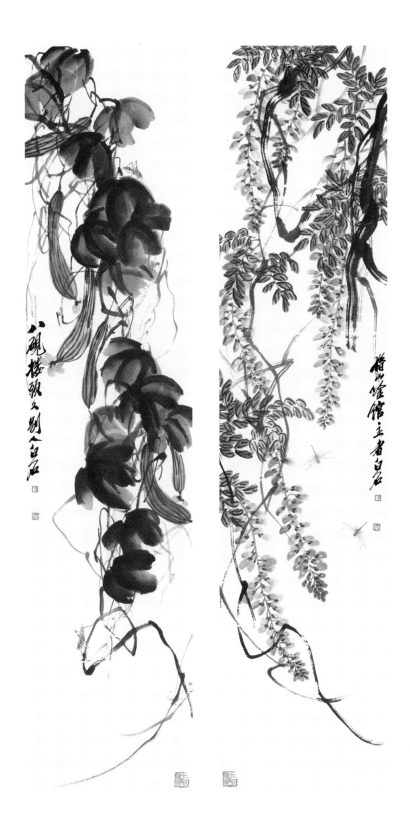

条拼的，一共是一丈八，这还不算"迎首"白石老人自己题的篆书"可惜无声"，是用洒金纸题的。

徐：后来裱到一块的。

李：裱到一块的，后头还有卷尾子。这里头我统计了一下，草虫有21只。

徐：21只草虫？

李：就是常见的草虫，上面几乎都有。花卉14种。像这样的画，我没见过，头一回见。

徐：不是说齐先生的画，画完添只草虫，加一尺钱。谁能买21只草虫、14种花，这多少钱？

李：如果说没看着这张原画，人家说这草虫准是别人给添的。有的白石老人的真画，上头就一个草虫，造假者再造一个，就为了俩虫多一尺画钱。说实在的那些人真没自知之明，不怕不识货，就怕货比货。这是真的，您拿一假的搁旁边……

徐：一看就是假的。

李：这张手卷题的上款是谁？一如先生。这画就是白石老人送给曹锟的。当然这画不久就流出来了。为什么？咱们都知道，1937年"七七事变"，今年是咱们抗战胜利七十周年纪念。"七七事变"日本就利用中国这些军阀割据，内部不团结，他钻空子进来的，而且他做了周密的研究，很快就打过来了。平津沦陷了。这个时期日本鬼子要成立一个华北自治政府，什么叫自治政府？实际就类似于他们制造的伪满洲国。

徐：弄个汉奸政权。

李：那么这时候他就得找，谁当这个大汉奸。还得在华北找着有声望的人，他们第一个选的是谁呢？是吴佩孚。

徐：吴佩孚原来也是曹锟手下的。

李：他们都是北洋系的。

徐：而且都是直系，后来有点不服曹锟了。

李：在这个问题上，吴佩孚表现了民族大节，很值得赞许。日本人找他了，而且是后来的甲级战犯、在华最大的特务头子土肥原贤二登门找他。他说："我做了个梦，梦见岳飞岳武穆将军，他对我说，你就是我投胎托生的。"那日本鬼子知道岳飞那档子事，岳飞投胎那能当汉奸吗？当然吴佩孚影响太大，不能像对一般中国人那样一枪打死了，对他还是奉如上宾，但实际上等于软禁起来了。

吴佩孚没有行动自由。那时期，吴佩孚在家里也是画画，画梅兰竹菊，就表现气节，题字、题诗，都是不卖，谁来想要就是送。四门大开，如同虚设。后来吴佩孚牙疼，日本人说日本牙医最高，找日本牙医去了，牙倒不疼了，隔几天命没了。

这肯定是牙根里塞了慢性毒药。日本鬼子就善于干这种事，世上最卑鄙无耻、你想不到的事，日本鬼子都能干得出来。这是日本鬼子的兽性，就是魔鬼，他干得出来。日本专门有人研究毒性、速性毒药、慢性毒药，还有搁到冰激凌里头的毒药，当时吃着挺甜，没事儿，回到家就玩完儿了。不是有一个大汉奸吗，日本人使完他了，没用了，就请他吃饭。那大汉奸还是挺有警惕性，你鬼子夹哪道菜，他夹哪道菜。后来献一道冰激凌，他还有警惕，就拿舌头略舔了一点，就说解手去到厕所，还抠嗓子吐出来，就那样都没躲过，三天后就毙命。

日本鬼子研究毒药，就跟那731似的、研究生物战似的，什么你想不到的缺德事他们都想得出来。反正吴佩孚就是看日本牙医之后死的。

日本人又想到了谁？就是住在租界的下野大总统曹锟。想到他，想让他出山。曹锟这人平常说话特直，吴佩孚还是秀才出身，曹锟可是卖布的出身，说话挺粗、挺直。

你知道谁请他？也是土肥原贤二亲自出马请他。土肥原贤二是什么东西？我告诉你，整个伪满洲国基本上是由土肥原贤二来一手制造出来的。

齐白石　可惜无声　47.8cm×913cm

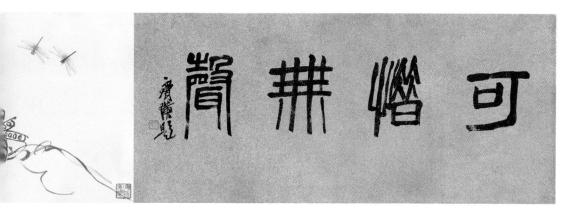

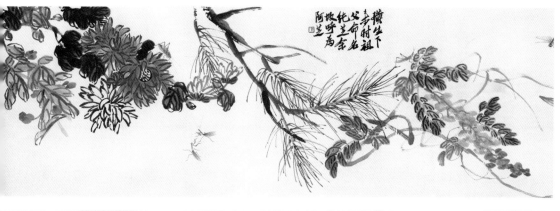

还有一个叫本庄繁的鬼子，在中国发展了一个最庞大的最得力的日本特务网，就是土肥原贤二干的。他亲自出面请曹锟出山，就可见他对曹锟很重视了。但他忘了曹锟是中国人了，在这关键时刻，曹锟说什么？"我不出去，我出去不是成汉奸了吗？"直截了当。那土肥原贤二也不敢拿他怎么样，毕竟曹锟名气太大了。但此时此刻，由于日本占领中国大片国土，平津失陷，曹锟自己眼看着自己祖国大好河山落得如此地步，而自己人还在起内讧，还不能团结一致打日本，他忧国忧民，而自己又无能为力——自个儿已经不是当年的曹锟了，就是一个普通寓公，老来之后，甚至有时候叫饭叫不应，到这地步，下人瞧您这不行了，也就不伺候了，有的跑了。忧虑之下人就容易得病，所以转年，1938年，曹锟在忧国忧民、内忧外患之下病死了。生命最后的曹锟，他守住晚节了，他够一个中国人，不是汉奸。

于是在1938年6月14日，由国民政府发布训令，是政府的训令，追授曹锟为陆军一级上将。

齐白石对于曹锟还是比较了解的，对他一直挺敬重，给他制了不少印，我们这里还能够侥幸看到一方流传下来的印。白石老人一般刻印是不择石料的，不像吴昌硕"劣石不刻"，齐白石他不挑石头。我们现在能够在市场上看到的有这么一方印，一看白寿山的石料，这价值是上等的，相当于羊脂玉的感觉；上头的印钮，一看这做工，恐怕都属于清初的做工。

徐：印钮不是齐先生自己刻的？

李：不，做工是老的，石头也是老的，肯定是曹锟把原来的印面磨了，然后由齐白石刻的。刻的什么字？"虎威上将军"，边款：白石。现在能够找到这样的东西，实在是难得。咱还得说回来，曹锟拿到齐白石的画给不给钱的事。

徐：他又帮助我了，他又是那么大官，哪能要钱？

李：齐白石给曹锟画的画，不但精，而且是无偿奉送。送到了曹锟那儿，他可不白要，他给的，比白石老人平常的笔单还要高得多。究竟多少，我现在没拿到证据，不能乱说。但是，先父李苦禅可提到过，凡是帮过白石

齐白石为曹锟刻狮钮印章

老人的恩人，他白送的画，这些恩人都不白要，还不光是曹锟一位，还有别人，咱们以后可以提到的。都是加倍地给。

　　但是，我刚才提到那个四条屏，是不是曹锟能够见到，我可不敢保证。

　　徐：那为什么？写的他的上款就是给他的。
　　李：我觉得这四条屏应该说是北平刚刚沦陷的时候，白石老人给曹锟画的。

　　徐：为什么呢？
　　李：当时齐白石老人他也不跟日本伪政府合作，也不承认日伪的所谓新民会之类的汉奸文化机构。他在这四条屏上题的是"寄萍堂上老人齐白石制于旧京华"。关键在"旧京华"，这意思是说我住的地方是过去我们的北京，不是你日本鬼子占的这个北平，所以我觉得这是齐白石不与日本合作的一种比较含蓄的表现。曹锟他是在1938年5月17号去世的，终年76岁，卒于天津寓所。所以这四条究竟曹锟见着没见着，这都在两可之间。也许是刚送到曹锟手里不久曹锟就去世了，流到身边那帮人手里。

徐：但是曹锟毕竟是历史上有争议的人物，您把白石老人和曹锟的交往公之于众，会不会对白石老人的名声有负面的作用？

李：我觉得，一个艺术家的成功，在一些关键点上确实都有一些贵人之助，这是不可否认的。也不能因为这一点，就说"齐白石作为一个劳动人民的画家，怎么跟这些剥削阶级没划清界限？"我说这观点你拿到"文化大革命"里头说还行，江青批判齐白石不就专弄这些观点不及其余呀？人生活在社会上，你各种人都可能接触，关键是看你怎么跟他接触。在接触过程中，你有没有坚持住你的人格底线，这是很重要的。所以我觉得我们应该还是要克服那种片面、孤立、静止地看问题的方式。不要抓住一点，不及其余，学会全面地、具体问题具体分析地看待一切人和事。对白石老人与曹将军的关系，也应当作如是观才对。

抗战胜利后的齐徐二位大师

在白石老人上课的时候，徐先生自己搬了个椅子坐在那儿，站脚助威，而且等于实际上担任一个临时助教的身份。白石老人有点儿口音，徐悲鸿还帮他翻译翻译，实际他翻译的也不是普通话。

徐：抗战胜利之后，白石老人的生活如何呢？当时白石老人可以说是特别高兴，还写了一首"太平看到眼中来"的诗。

李：抗战胜利之后，可以讲有这么一段时间更困难。

徐：这是为什么呢？

李：日本鬼子走了，国军来接收了，这段时间，整个北京这些个商品供应之类的原来的秩序就全都乱了。这么大的城市，哪儿给你供应粮食、煤炭——人要活着这两样是主要的，油盐酱醋还是次要的，当然盐不能少——这些原来都有一定的途径。日本鬼子原来在北平就打算常住了，这就是他的城市了。日本人在故宫三大殿的太和殿前列阵升膏药旗那是什么意思？而且把故宫的门都关上，没有军部的命令不能进又是为什么？他就憋着灭亡中国之后，把他们天皇给请到中国来，入主中夏。他做的是这个梦，想在北京登基大宝，在中国当皇上。

所以，连日本十五六万侨民都搬到北京来了，连日本快餐之类，在北平就有好多。现在，像"急便"这俩字老人看着都别扭，这是日本词，快餐。那个时候是小伙计骑着自行车，一个手托着食匣，就是订的那个日本餐，还都是日本规矩，到门口不进门，送来你看看，验收，一看东西没问题，然后把钱给他，拿过钱来还鞠个躬走。现在一看见"急便"，有的老人就想起沦陷时期了。

整个来讲，日本想把北京建设成他的一个"模范殖民地"，所以战事不紧的时候各方面供应还都可以凑合。但日本鬼子一撤，供应马上都没了，而且行政机构等各方面还都不完整。李宗仁来了，带着国军来了，北平光复。当时李宗仁行辕就在北平。李宗仁是桂系，最后是中华民国的末代代总统。在抗战胜利之后李宗仁行辕就设在北平，解放以后改为首都，才恢复叫北京。李宗仁就发现，当时老百姓生活困难极了，北京老百姓当时最苦的就是吃。要不那时候天稍微冷点儿，街上真饿死人，"转于沟壑"么，那是很普遍的现象。

徐：过去北京话叫"倒卧"。

李：早上起来一看有人躺那儿不起来了，真有的行善信佛的，捐点钱请人给收尸，拿席子一卷，弄个草绳子一捆，派个车拉上。干这活儿的，一般三个人一组，一个人前头拉车，累了再换。照例穿身黑，戴一草帽，不抬头，不看人，不跟人打招呼，拉到东城外去，在那儿挖个坑，埋了也不知名，叫"乱葬岗子"。城东那边净这个，那边水位低。西边不行，西边风水好，那泉水往外冒，没法挖。那时候就是这样的情况。

说实在的，当时白石老人一家也挨饿呀。一场大战刚停啊！最重要的是吃和烧两样。那时候买粮食太难了。国民党时代的钞票不值钱，我这辈子最有钱的时候就是我小时候，床褥子底下一厚层钞票，没有人要，擦屁股都拉屁股；叠三角拍着玩，我把人家的拍翻了就归我了，回去以后放脸盆里用开水一烫，展平了，高兴着呢！我褥子底下都是钱票，可是一个炒豆儿都买不了。那时候钞票不灵，而且相当多的地方采取定量供给，白石老人一家子首先面临的就是吃饭问题。请问那时候谁买画？手里有点硬通货，大洋、黄金、美钞也可以，但得买粮食，这是第一。烧的不买都不要紧，我拿被子捂着。

后来这个事情不知道谁汇报给李宗仁，李宗仁先生非常关心文化人，就亲自到白石老人家看望。一看这种情况，跟旁边的秘书就讲，"以后照月送点粮食、煤炭，还缺什么说话，现在共度时艰，百姓现在都很困难……"意思就是量我们自己的能力帮您吧！这可解决大问题了，白石老人感激再三。怎么感激？白石老人感激人的办法，唯一的就是送画，给恩人画他不收钱，但是这些恩人，我告诉你都有一个共同点，钱不少给。

当年白石老人送人画的情况多了，厨师给炒一道菜，他一高兴就画张画让他拿走。我认识一个厨师，名厨师，白石老人喜欢吃他炒的菜，他是湖南人，给他送画可不少。

徐：当年就这样，得到白石老人的画这么容易？

李：就这样。一直到后来，厨师儿子到我家来，拿两张画来，我问："就剩两张了？！"他说："原来不当事，家里头一卷儿呢。"这两张让我给写个证书，证明是真迹，拿去卖。现在买房什么的，没钱能干什么？而且这个画还真值钱。我说："当年老爷子给你父亲画的，他心里一感激，他画这画还真不是应酬画，真心实意的。"咱还是回来说白石老人吧！

他感激李宗仁，真是解了燃眉之急，给李宗仁画了不下30幅，那张张还都是挺好的，上面写着上款，"德邻先生雅正"，这后来我看过。

而且白石老人当时讲了一段话，简直是他好像有什么预见似的，说："我感谢您，我没有什么东西，我就是会写字画画，我给您画了点儿画，作为我的心意。兴许将来，人都有不得志的时候，或许会有用。"他能在这么大的人物面前说这个话，这太不容易了。

结果不幸而言中。李宗仁后来确实不得志，他千嘱咐万嘱咐白崇禧别跟老蒋去台湾，白崇禧还是到台湾了，曾被暗杀至少两次都没有成功。你想桂系到台湾，也没有广西兵了，光杆儿司令一个，你怎么办？而且李宗仁后来到美国也差点被暗杀。这不是我说的，是当时执行任务的老特务公开出来的，要不咱们怎么知道这个事呢？后来经过我们政府做工作，他的秘书程思远陪着他回到了北京。

后来有的白石老人给他画的画流到市场去了，因为有人叫我鉴定，鉴定白石老人的还有徐悲鸿的画，他们二位跟李宗仁、白崇禧私人关系甚密。画上面的上款是"德邻先生雅正""德洁夫人雅正"，我说凭这上款就假不了，这是给谁画的？给李宗仁画的。怎么不题"宗仁"？我说当时风气，称对方要称字、号，不能直呼其名，他字德邻。所以现在看历史片也不打字幕，有些年轻人不懂，说周恩来怎么看到李宗仁不叫他李宗仁，叫他"德邻先生，请坐"，那就是尊称，周恩来的家族多有文化。后来李宗仁给徐悲鸿建立国立艺专，即后来的中央美术学院，大礼堂还叫德邻堂。所以徐悲鸿和齐白石这两位提这个上款多半都是真迹。

但是我这一广播都知道了，以后造假画就全是题"德邻先生"，太多了也不行。

徐：就像侯宝林先生的相声，端一大碗面进剧场，冒充给后台演员送饭，混进剧场不花钱。"我这个秘方不传人啊，为什么？传多了就不灵了，去一位两位端面行了，去四十多位每人都端碗面……"那是不是后来他也是生活无着落，把这些画流到市场了？

李：他的身份一般不会出来卖东西，兴许有的送给他的下级，就流出来了。他有一批古董，文物，后来回大陆的时候都带回来了，献给国家了。后来国家也给了他一笔奖金，毕竟他手底下没有钱花，这还是很实在的事。政府对他很关照，李宗仁后来一直在大陆，在北京去世。他回京在机场的发言表态很有影响。那时候他回国这可是大事，当时声像同时播出，后来就不怎么播了。当时那些重要领导人都去接机，他下了飞机，对着麦克风正式讲话，那你要没有点儿古文功底还真听不懂。德亮你倒是能听懂，但那时候德亮还小，没赶上。

徐：他说的话您还能记得么？

李：我还记得几句话，开头、结尾的，"首先我作为戴罪之身从海外归来"，说他是"戴罪之身"，意思当年没有同意签署和平协议，最后还说"敬乞垂察"，还是古文味儿。当然这话离白石老人就远了。但是我们可以说白石老人一辈子对于恩人，真是"滴水之恩必涌泉相报"，一辈子不忘，所以给这些恩人画的画，那都是着意地认真、用心。

徐：这个李宗仁算是白石老人的一个贵人。

李：贵人，那真是贵人。

徐：徐悲鸿先生也算？

李：徐悲鸿也是。

徐：那徐先生找齐先生去教课，也是在1945年以后？

李：林风眠先生也请过齐白石，而且还请在先。白石老人他老是觉得，大学教授那得是上过大学的、留过洋的——那时候大学教授都是这种形象——我一个木匠出身,我能去当大学教授?他老有点这种过分的自谦。

抗战胜利以后,徐悲鸿北上,接收国立艺专。从此这学校就是真正国立的了,因为是中国人自己的,没有日本鬼子管制了。徐悲鸿又请白石老人讲课,白石老人不想去,他的主要障碍还是在于觉得自己没学历,怕学生们后头说闲话,不服他。而且当时确实外头有微词,说"请教授也不能请这么个木匠画家"。

徐:但是1945年的时候,齐先生已经是大画家了。

李:是。

徐:已经是世界知名了。

李:可以这么说。

徐:那还说他不成?

李:哎哟,你可不知道。

徐:哈哈,看来画界比我们相声界还乱。

李:我有一个体会,你做什么别在什么"界",你画画你就画画,别在"美术界",你练气功就练气功,别在"气功界",你一入了这个"界"就容易遇到"异化现象",异化为别的东西,异化为你掌握不了的东西,惹是非,陷入被动。

徐:悲鸿先生当时是怎么找的齐先生的?

李:悲鸿先生他当然素仰齐翁大名。

徐:也是您父亲带着去的吗?

李:那不用我父亲带着,那时候白石老人已经名声大振了。

徐:他们两个人早就认识了?

齐白石与徐悲鸿合影

李：早就认识了，不认识他怎么想到请白石老人去上课？但就是怕白石老人自己觉得胆子不壮，在白石老人上课的时候，徐先生自己搬了个椅子坐在那儿，站脚助威，而且等于实际上担任一个临时助教的身份。白石老人有点儿口音，徐悲鸿还帮他翻译翻译，实际他翻译的也不是普通话。

徐：他是宜兴人。

李：这就看出，徐悲鸿，这位我们永远最尊敬的老院长，他确实是伯乐。

徐：后来您父亲也在国立艺专是吗？

李：我父亲这一辈子基本上效命于国立艺专和中央美术学院，基本上就这两个。

徐：当时等于是您父亲跟齐先生就同事了？

李：那不能那么算，还是按老师和弟子，家父永远是齐翁的弟子。

徐：但是工作关系就是同事了？

李：工作关系是同事了。

徐：当时齐先生挣的跟您父亲挣的谁多谁少，还是差不多？

李：我跟你讲，那时候也是计课时费。具体我就不知道了，因为我这儿没有账本，咱不好说，不像建国初期有账本，我能给你查查。中央美院换新校址的时候，也不知道哪些个不懂事的败家子，把美院一些老的档案全都当垃圾卖出去了，其中就有账本。那些大师们，包括白石老人，都是自己签字——那时候没有打卡，自己签字盖章。这个账本，一看上面那些名字就了不得：齐白石、徐悲鸿、李苦禅……包括有一回李可染给齐先生代领工资还加一条："齐白石先生本月工资由我代领，李可染。"你说这是文物不是？

徐：这太珍贵了，这是第一手的文物资料啊！

李：后来有人发现了以后就找去，这时候你再找就不是垃圾价了。这我有根据，我自己还弄了两本。所以这个咱们能说，鄙人好歹还是个文史馆馆员，说话得有证据。当时齐先生挣多少钱我不知道，反正悲鸿先生聘请谁都不会亏待谁，这个是无疑的，尤其像白石老人这样的大师。

徐：那后来新中国成立以后，悲鸿先生跟白石老人交往多吗？

李：也不少。但是建国以后不久，悲鸿先生就得脑溢血去世了。

徐：1953年。

李：突然脑溢血爆发，苏联专家正赶上一个二把刀大夫，给耽误了，实际上是医疗事故，很可惜，走了！但始终来说，悲鸿先生和白石老人之间关系真是挺密切的。有他们合作的画，现在有名的一张，像荣宝斋的藏画，宝

齐白石、徐悲鸿　芋叶双鸡图

贝之一,《竿叶双鸡图》,徐悲鸿画两只鸡,白石老人画的竿叶,合作的。

徐:还真没见过他们合作,他们风格不一样,合作到一块儿能统一吗?能好看吗?

李:这也是一种本事,能合作得相对统一这也是本事。他们感情特别好。

徐:那您父亲跟悲鸿先生有在白石故居那儿碰上的经历吗?

李:不一定非要到白石故居去碰上,我父亲一辈子视悲鸿院长为恩人、西画的开蒙老师,他们在学院里头就常见。那个时候院长不是那么难见的,经常出现在学校,而且他老不脱离第一线——教学,他同时还是教员。你这个问侯一民先生,他当时经常看到悲鸿先生上课的样子:穿一长袍,小扣是设计的,一个镀金的小扣,别人都是布的扣,他是镀金的小扣,拿着一个几十年的皮包,里头搁点教材,顺便还卷一小卷纸，这是他挑好了上课要示范时候用的纸。徐先生很谦和的，他一辈子也不会吵架，也不会大声说话，上课，站着，身体不好，但也站着。那时候讲课都站着，没有坐着念稿子的，铺开了纸，一边讲着，说到哪儿了，这就动笔了。

人家不离开第一线，所以学生有什么反应他马上就知道，缺什么课，该补什么，那真是真正的校长。那会儿不是"官本位"，封一个校长，可老见不着。我后来越发觉得这个问题严重：在某个院校，校领导经常就只是在电梯里头见着，很礼貌地跟你点个头，然后一年半之后见不着。我说这位领导怎么来了也没进过教室，也没找过教授谈话，怎么就不见？别人说："人家升了。"我还开玩笑，我说："生男的生女的了？""不是，人家升官了。"合着把这儿当一跳板，落一年半两年的资格，其间只搞上层外交，只为升官儿，这怎么能把教学搞好呢。

你说现在医院的院长，那都是定期不定期的，带着一班人穿着白大褂到病房，是不是？他不能离开第一线。你医院干嘛的？是治病救人的。那病人就在那病房里躺着呢，有疑难问题，院长带着一班专家就去了，大家可以会诊，这才叫查房。

同样的，艺术院校，徐悲鸿过去带着，像吴作人，有时候带着好多位弟子，就到各教室串，你想那教员能不负责任吗？而学生有什么意见直接写条子就能反映到教务处去。那教务处也不是找一般的人，找个认识人什么的，沾亲带故的随便安的闲职。那都是艺专毕业的。你甭说别的，总务科，管总务科的那个宋步云，那是杭州艺专毕业的高材生，让他管总务。总务的人买图钉，买画板，买个什么标本，买个画画的用具，你不是内行你干得了吗？你给徐悲鸿院长那儿买教具，你能弄二把刀吗？还有管财务的是王临乙，大雕塑家，他太太是法国人，现在他们二位的墓就在我父亲的墓旁边。那是大雕塑家，连天安门前的烈士纪念碑他都参与了，你现在看美院的老账本上盖王临乙的章，他那时候管财务。

你说那时候徐悲鸿这用人，吴作人是教务长，更甭提他用的这些教授了。所以有一位老前辈说，什么叫大学，大学不是学校多大，是有大师之学，这叫大学。美院原来是日本的一个小学校，日本鬼子走了以后，那是归李宗仁管的地盘。徐悲鸿跟李宗仁私交挺好，他跟李宗仁手里头要的这个地盘，才建的美院。他说这里离故宫近，民国以后故宫开放，可以买票进去，戴着中央美院的章不要票。这我们有这个特权，美院附中的章都可以进去，不要票。

徐：什么叫戴着章？

李：校徽呀。那时候讲佩戴校徽，现在没这规矩了。那个时候不戴校徽不让你进校门，就认识你也不让你进。那看门的人负责任极了，你就得佩戴校徽。丢了以后就得报，那校徽都有编号的，以后这个编号作废，再掏钱再买一个，还得挨批评。

徐：齐先生在这个学校教书教到什么时候？

李：具体的时间我就不清楚了，你可以查年表，因为他的年表很细，这个现在都有资料。咱们讲点儿一般地方查不着的事。

徐：回来他和您父亲聊过没聊过教课的这件事？他没教过课直接就上大课去了？

李：他在教室跟在家里头一样，还是这个铺开纸，学生围拢着来看。

徐：也是围拢过来看？

李：围拢来看，教程都是由徐院长安排，比如说梅兰竹菊都有安排，徐院长安排得特细。你像给我父亲安排课的那个公函，带艺专红头的那个公函，悲鸿先生亲笔写的，给我父亲写那个安排，那细致极了，教几种花卉，教画鸡的啄食还有什么什么姿态，下头他签字。很正规，就这么细致。经过"文革"，后来就剩一份了，那些份抄家的时候抄走了。剩的这一份也是我自己伪造造反派的封条公章，擦开了之后偷出来了。那是一批东西，我只偷出来白石老人两封信，还有点儿什么别的，我不能都偷，都偷就露馅了。我这辈子就干过一次偷的事，作案还特仔细，是偷自己家的东西。现在你要想看不在家里，我们都捐献国家了，现在在李苦禅纪念馆，那有徐悲鸿和齐白石给我父亲的两封信，信封、邮票都在。

就从那一封信你就能看出来，他认真。别的课也是这样，徐先生不是说"德亮，你给上写意花卉去"就完了的，他让你上课之前，给你写一份很具体的安排。这有什么好处？就是不会教重复了。他那一单元教画鸡，你再教那画鸡，我一单元还画鸡，学生毕业之后连鸭子都不会画。

还有就是有安排就不会忘了讲一些东西。比如文房四宝，教师们都觉得这个谁还不懂，你没教，我也忘了，谁都忘了，所有学生到毕业连文房四宝都不知道。有一次我上课，大学四年级了，说起文房四宝学生都瞪着眼，这神气儿我们教员很敏感。我说："文房四宝你们都理解吧？""笔墨纸砚吗？""是，这笔墨纸砚怎么用，怎么看，怎么选呢？""没讲过。"我说这还了得？要是这都不讲，将来毕了业，出去，别人要说你无知，这叫撒气漏风，人家都怀疑你的学历，你是高等院校毕业的国画专业学生吗？快快快，上我们家。

徐：上您家干嘛？

李：讲这个你得有教材啊。学生当玩似的到我家来了，待一天，照例每个班在家待一天，中午我管快餐。

徐：一班学生多少人？

李：一班学生反正是10个左右，多的时候十四五个。

徐：那还不多。

李：后来多的时候我就不敢让来了，40个我这儿就坐不下了。学生来的头一天我都准备好了，端、歙、洮、澄、杂，几种砚，来了大家都挺高兴，玩似的，瞪眼都看。我说："你们看什么呢？"学生们说："看砚台，您不是让我们来看砚台？"我说："不对，得先摸。"这就开始上课了。

第一天，闭着眼用手摸，告诉你怎么摸。这得把着手教，什么样的砚台怎么摸什么感觉这才是好砚台，才算四大名砚。你选实用砚，得石质好。然后在上头哈气，斜着看，看它干得快慢，干得太快了不好，干得慢为好。

还有质地，什么样叫好的。什么叫端石，什么叫洮河砚，什么是松花砚，我得拿出东西来看，好在我们家还有。"文革"不是全抄完了？还有认领回来的。杂石砚干什么用的？它是砂性的，朱砂你往端石上磨，你不是把端石磨坏了？它硬度太高，就得拿那个杂石砚磨。我说现在你看这砚台上还留着朱砂，那是我父亲磨过的，留下来的痕迹。

笔，我拿出日本鸠居堂出的山马笔给他们看，发开了，然后拿出薄皮纸来，蘸着淡墨，画，趁着没干，这么一染，留出云来，吹干了之后上添小树，小树干了挑一个地方添一个小亭子，有人扒着看。看什么？在那个小白空上添瀑布，这是一幅《观瀑图》。我说："你瞧这是什么？"学生们说："这不是傅抱石吗？""对了，傅抱石先生从日本竹内栖凤那里变化创造的这种技法，我们这后辈模仿。"这就叫传承。

你不这么教，学生学什么？有学生说："日本鸠居堂的笔好，我们还要到日本买去么？"我说："不用，经过我实验，四川出的那个棕笔也不错。这一根棕，能从屁股后面拿快刀破六瓣，还有破八瓣的，用整根的棕那是刷油漆的刷子……"都已经讲到这份儿上了。然后再讲白石老人使什么纸，使什么笔，都得讲到喽！

再拿出我们家藏的墨，你看这是什么墨，这是什么墨，白石老人用的是这个，龙翔凤舞牌的，这是杂烟墨，这是松烟墨，这是油烟墨。学生们问："这么宝贵，这不是文物吗？"我说："这还够不上文物，这不是最好的，最好的现在不在我这儿。这得分多少等，咱们就不细说了。但是你们要知道，笔墨纸砚这四样东西是咱们的国画工具，木匠自己手使的锛凿斧锯从来不借人，因为他使惯了，我们也要自己有一套文房四宝不能轻易借给人……"你上课得这么上。这都是齐爷爷、徐院长和父亲苦禅老人的教学传统，如今的美术院校连这些不久以前的好传统都丢了，或者根本不知道，却去继承人家西方"现代派""抽象派"之类的所谓"超前艺术""当代艺术"，去跟人家"接轨"而不怕跟屁股追尾，实在是误人子弟。还自命"超越传统"！还是回来看看齐白石、徐悲鸿等大宗师们吧！我说这话是发自一个老教书匠的肺腑之言。

你又来要偷我印泥么？

旁边那柱子上贴一个告示：「你又来要偷我印泥么？白石老人启。」再往那边一看，太师椅旁边搁一

小条：「你还想偷我印泥么？」再往那边一看又有一条儿：「我知道印泥就是你偷的。」

徐：今天咱们聊聊白石画作的鉴定的问题。好多人都说齐先生的岁数有点说不清楚。因为人小的时候愿意往大里说几岁，你要问12岁的孩子"你多大了"，他会答"13了""14了"；刚上班的时候，问他"你多大"，他会说"我25了"，其实才21岁。但人大点儿之后就愿意往小里说，35岁的女性，你问"你多大了"，她会说"我现在二十八九"。但是很大岁数的老人，可能也是愿意往大里说，比方说90多，要是问他："您高寿啦？"他可能会回答："100了。"齐先生的岁数说不清楚，是出于这种原因吗？

李：他不是这种原因。这个事情说起来话长。在他早年的时候，在长沙的时候，有位算命先生，根据"流年交运"的学说——到现在这个学说我也不太清楚——跟齐先生说你得避开75岁，到75岁那年，流年不利，你必须要跳过去，要自称77岁。这叫瞒天过海法。到现在我也不知道怎么叫"瞒天过海"。因为《三十六计》第一计是"瞒天过海之计"，不知道这位算命先生是哪儿的传授，把"瞒天过海"用在这儿了。

徐：您是中国周易学会副会长，您对《周易》不是也很有研究吗？他的这个是从《周易》上来的吗？

李：这个好像跟我们平常理解的《周易》还不是一回事。《三十六计》这个书产生得很晚，是无名氏的，它和《孙子兵法》的不同之处在于：每一计前面都有卦象。六六三十六计，头一计就是"瞒天过海"，有些卦象来解释。我也听过有的电视台讲《三十六计》，讲到卦象的时候不甚了了。

徐：《周易》是一本非常深的书，不说它的神秘性，单说它的卦辞、卦象的文字性解释，一般人就搞不懂，可能就糊弄过去了。

李：对！就接着讲下头那个战例了。现在咱暂且不说《三十六计》，先说白石老人的"瞒天过海"法。

徐：那个算命先生说的哪年哪年交什么运之类的，这个跟《周易》也没关系？

李：这个跟我研究的"流年"不是一回事。反正传统的命理学说，流派甚多，还有待研究。不管怎么着，反正这位算命先生，他这个话说动了齐老先生了，齐老先生就把这个事在册子上记下来了，记下来以后按照这位算命先生的嘱咐，你怎么怎么一番仪式，你就可以躲过不利之年。老先生很认真，到了他所说的那个日子……

徐：那是哪年？

李：1937年。

徐：37年，就是"卢沟桥事变"那年。

李：他75岁，那时候还没发生"七七事变"呢。

徐：就是7月7号之前。

李：大约3月份的样子。白石老人那天让全家都得回避，都在自个儿屋待着。

徐：都不许出来看？那还是很有些神秘色彩的。

李：不但家里人都不许出来，而且白石老人也杜门谢客，任何人不得干扰。他进到白石画屋里头，就他一人，把窗户、门都贴上黑纸，在里面有一番"作法"。可是怎么作的法，有什么样的行为和过程呢？谁也说不清楚，因为谁也不敢进去。

徐：老先生后来自个儿也没说？

李：也没说，这可能是人家的隐私，不是什么都跟人说的，而且恐怕齐先生觉得一跟人说就不灵了。总之，他在屋里度过了一定时辰之后，然后推门出来，非常正规地宣布："现在我齐白石77岁了。"

这一段我是听谁说的呢？是齐良迟，我称他四叔，他是齐白石的四公子，是他跟我讲的。真实的历史就是这样的，我想不会错的。但这里头有一个什么问题呢？这件事后来传出去之后，一直到现在，好多人讲，白石老人画上凡是题75岁的，一概都是赝品，是伪造的。这个话不太可靠。

徐：这个话有道理啊。因为他75的时候不是自称77了吗，整个那一年都自称77，可不是题75的就是伪造的？

李：你们犯了一个什么错呢？叫"只知其一，不知其二也"。你要记住，他75岁那年，一直到他做法事之前，还有那么两个多月，这两个多月里他画画，偶尔还题75岁，所以反而题75岁的画倒是更珍贵的。

徐：他是3月份办的法事？

李：对。所以我们看问题，不能够片面、孤立、静止地看问题，要仔细地探讨。

徐：也就是说，按照农历来说，他进这一年就是这一岁，不是说过生日以后才是这个岁数？只要是这一年，过了元旦了就是75了。

李：对。

徐：跟阳历计算的不一样。

李：所以最后他实际上等于虚了3岁。你想是不是？虚岁本身虚1岁，75岁那年又蹦过2岁。一般说，白石老人1957年9月16号去世，是享年97岁，实际上你得减去3岁，94周岁。

这里头就事关对白石老人真迹的鉴定问题。有这方面的讲解者，说只要画上题75岁的必定是赝品，这就不对了。实际上造假画的人，谁都知道白石老人的"瞒天过海"之计，他怎么做"法事"这是他保密的，但是他的岁数不是绝密的。他在世的时候，胡适之先生就做过他的年表，别人也

齐白石
虾
75 岁
135.5cm × 34.2cm

都研究过他的年表。名人的年表在世的时候就有人在研究，所以"瞒天过海"这个事很多人都知道。

徐：他在世的时候就研究得很系统。

李：对，不是说非得去世以后再研究。所以造假画的明明知道白石老师忌讳75岁，你何必非写75，你这不是犯嫌疑吗？你就题78不也是造这张假画吗？是不是？瓜田李下的事，人家造假画的能不懂吗？所以这个说法是不对的。我家也藏有白石老人的画，以我们家来说，苦禅老人、我，这两辈的眼力，我们藏着白石老人的画，不会有假的。我们的藏画里头就有一幅白石老人的虾，画得极精，就是他75岁画的。

徐：画面上题75了？

李：对，题75了。那个虾画得法度极严整，虾的质感那叫强。单从技法和水平而论，那个年月，能够把白石老人的虾造假造成那个程度的，我真不知道有谁。

徐：真有这个水平就别造假画，人家自个儿画就画出名了。

李：对。总之，对白石老人所谓"题75岁皆为赝品"这个观点，本人在这里提出自己的看法，也供收藏者们参考。如果觉得有哪儿不合适，还愿听当面指教。事关白石老人真迹鉴定的事情，我们一定要谨慎。

徐：您是鉴定齐白石先生画作的专家。那咱们就聊聊鉴定齐先生的画的问题。我觉得，鉴定齐白石先生的画，在看技法、构图、用墨、用色之前，首先得知道他用的什么样的笔墨纸砚。

李：对，先看材料，材料不对就肯定不对了。

徐：白石老人用什么笔？

李：白石老人用的笔，说实在的，要真不小心丢在街上，人都未必会捡。

徐：不是好笔啊？

李：不是什么多讲究的乾隆御制笔或者是值得收藏的好笔。现在说收藏笔，都讲究什么湘妃竹的杆儿，堵头都是白玉的，还有景泰蓝的杆儿，还有什么和田玉的杆儿，那还能画画吗？那杆儿那么沉。

徐：对，我画画的经验就是除了笔头有用，其他都是累赘。

李：如果那锤子把儿是铅做的，那比锤子还沉，那锤子还能使吗？那类过分奢华的毛笔都是送礼用的。白石老人用的笔就是很一般的笔，主要是羊毫，有的时候是兼棕，就外头一圈羊毫，里头心儿是分棕的；也有一点狼毫。主要是软笔，他拿软笔写那篆字，柔中见刚，那是什么功夫！

徐：我看有的介绍说，齐先生有一根看家笔？

李：所谓看家笔，实际上就是自己使顺了的笔。像可染先生那有一支笔，那宝贝极了，可以说有两支，最多三支，那是绝对宝贝。可是你看那个笔什么样，那笔磨得都斜了，哪有笔尖啊？他画那山水的时候，特别是画牛，牛上边那个树，他就拿那个笔点，点出来正合适，他这辈子使惯了。可染先生是徐州人，他自己说："我这一辈子用的笔，就两支笔我最得意，我一直就在用，那是好笔。毛笔不一定每支都好，我赶上两支好笔。其中还有一支我是在走廊里捡的，不知道谁扔在那里，笔杆子都踩劈了，没人要了，我捡回来。我想着用松香粘上个笔杆子，一用特别好，特别好，我现在还在用那支笔。"

这里面有笔好的原因，还有一个原因就是自己用熟了。

徐：用习惯了。

李：习惯了，你拿起来一使就是那个笔路子。

徐：笔是一般的笔，但是那个纸呢，齐先生用墨那么好，那纸怎么样？

李：纸也是，爱使自己习惯的纸，白石老人他用棉连。

徐: 棉连是好纸吗？

李: 好的, 棉连也有好有次。

徐: 也不一样。

李: 也不一样, 这里你都得分等级。手工纸不是机器做的, 没有那么严格的量化的质量保证。所以过去画家都有这样的习惯, 我看这刀纸好, 买一批存着, 存时间越长这纸越好使。还有一个, 宣纸不断涨价, 你别等到贵的时候买。

徐: 现在可就不便宜了。

李: 一张乾隆纸, 好家伙, 能上万买一张, 你买了你舍得使吗? 你不画这张纸还能值一万, 你这两笔上去, 完了, 一分不值了。当然, 这是说笑话了。

白石老人给我父亲写信也提到, 说上次带来的纸挺好——我父亲知道老师最喜欢纸, 一辈子靠"吃纸"过日子——再遇到好宣纸, 不妨再给我带一点儿。其实那时候他存的纸, 一直到他去世也没使完。也出过笑话, 有人拿张白石老人的画让我鉴定, 我说这假的, 他说你怎么这么快就说假的, 我说我先看纸是不是白石老人的纸。你看上头还有水印, 上头印着字: 中华人民共和国建国十周年大庆特制宣。

徐: 哈哈! 白石老人没赶上。

李: 对呀, 他哪赶上建国十周年了, 而且就是赶上十周年他也不用这新纸啊。我一说完, 来鉴定画那位也乐了。这是我们鉴定画很重要的一点, 就是看材料。特别是他的画和张大千的画, 他们用的材料相对比较固定, 一般说材料不对, 这张画差不多就是假的了, 赝品。假画和赝品是两回事。

徐: 假画不就是赝品吗?

李: 不上市场不能叫赝品。你觉得这张画挺好我买回家去了, 我不管是不是真的, 我也不卖, 我临摹, 这是学习的一种办法, 一当真的卖这就叫赝品了。所以有一位天津的"书法专家"在网络节目里头说"李苦禅存着的拓片也有赝品"，还挺得意，还单为这个大做文章。别人说你不反驳反驳？我说我就不反驳了吧！我爸爸存字帖目的是为了练字，不是为了卖，那个拓片现在还在我们家搁着。他说过："原拓本咱买不起，这是人家翻刻本，刻得好，不但咱们能学习，咱们出版，按照这个普及的价卖，很便宜，大家买了练小楷挺好的。"苦禅老人藏帖一共出过4种，他早就说过这个话，老人家没有当财产存着，更没有出售赚钱的打算。连出版的这四种字帖也是白送学生、朋友，供他们临摹，和"赝品"二字不沾边儿。

咱们话说回来，白石老人，一辈子学习，他求实，他一辈子不当收藏家。谁请他鉴定画他都不鉴定，他只说好，哪个画好，我有可学的地方，让我多看几眼。人家说："是不是您留下它？"白石老人就说："我买不起喔！"不买。说实在的也真买不起，那年头认为是名家的，那都是八大、石涛、扬州八怪这样的，也不便宜。

实事求是地说，张大千是造假画第一高手。有一张大千先生造的石涛，甭提造得多好了，多少人都打眼了，送到白石老人那儿去了，白石老人看了，看得很仔细，然后就说笔墨很好，可是不留下。后来有一位也挺有名的，也有钱，他留下了，后来张大千把这事捅出来了，这先生把张大千骂了一辈子。

徐：现在张大千仿石涛比真石涛也未必便宜，可能比真石涛还贵呢。

李：有一本大画册，海外出的，专讲怎样鉴别张大千造的假画，还挺厚，我现在估摸那本书大概得有两寸半，每页上头登的是真迹，下头是他仿的。他仿得高，他不是完全如实地摹，他体会了笔意之后另画。我父亲苦禅老人认为，"也怪了，大千凡是仿古人的，造古人的，效果都比他题自己名款的画得好"。这很怪。这且不谈了，咱这儿谈白石老人。

白石老人特别实事求是，我不搞收藏，我就是学东西。那白石老人刻章刻得好，他的石头都不太贵的。老人刻石头，挑石头不像吴昌硕那么挑，吴昌硕直接就讲"劣石不刻"，不是有名的石头，不是好石头，我不刻。白石老人不然，最次的石头他都刻过。比如说有一种石头，过去我们小时候叫黄

李燕 38 岁雕刻黄化石老虎

李燕刻黄化石老虎底部铭文

"燕作于辛亥（1971）""李"

化石，现在还能找着，据说是黄土经过多年的沉积、受压力之后变成的石头，我们小时候玩。我这儿还有一个黄化石刻的老虎，那是我38岁的作品，还在这儿搁着。

徐：那石头也不值钱呗？

李：那当然不值钱了。白石老人为什么什么石头都接？他目的还是为了养家糊口。您不管拿什么石头，刻一个字该多少钱收多少钱，论字收费。

徐：边款呢，单算钱吗？

李：边款简单极了，一般就是"白石"俩字。咱们有特别关系的，比如说对你德亮，觉得你最近画画挺不错的，给你刻一方印，上头就刻着边款了，把他最近对你的评价刻在旁边，他亲手奏刀。一般接点儿活，它确实不如画画挣钱，就是两位弟子给代笔。一位是罗祥止，一位是刘冰庵。

徐：那他用的印泥有特点吗？

李：鉴定画的时候他的印泥你要特别注意，白石老人一辈子不买印泥，他用的是没提纯的老辰砂，然后他自己掺料。主要的料是两样，一个是中药那个艾绒，熏艾灸那个。艾绒粗了不能用，得揉细了搁在一个粗布口袋里，就是厚布口袋，没事就揉着，一边接待客人也能一边揉。比如德亮你在这儿跟我闲聊，闲聊一些历史上的事什么的，我这手就老是在那儿揉。

徐：揉着是为什么呢？

李：越揉越细呀。越揉越细，揉出来之后有时候还得过过箩，找那个最细的，他掺到朱砂里头。这还不算完，还得有调和料——老蓖麻油。蓖麻油是一种泻药，是装在玻璃瓶子里头的，无色透明。那不能直接使，得搁房顶上太阳暴晒几十年，至少得晒十多年，一晃悠都有点黏了，那个拌出来之后它不往外洇。现在不可以随便买了，因为它可以做毒品。

过去我在荣宝斋工作的时候瓦房上有那么几瓶子，老师傅回忆，他当学徒时候就在上面晒着，晒得都有点发粘了，这才能够调印泥。有一天跑来两只大猫，猫掐架，好，愣给一瓶子滚下来，摔啦！哎哟这老师傅这跺脚心疼哦！

徐：就没法再用了？

李：那可不，在地上你收起这一堆油你调什么，带渍泥的？

徐：过去有卖这个的对吧？

李：也有卖这个的，不便宜，就是三种基本原料。当然还有讲究的，有搁点麝香的，搁点冰片的，还有搁点金箔的，还有别的秘密配方，等等，所以叫"八宝印泥"。现在讲究苏州"八宝印泥"。

还有一种是漳州印泥，它搁的不是蓖麻油，是老菜籽油。有时候冬天觉得印泥硬了，用漳州印泥就不硬。白石老人用的是蓖麻油，他自己调的。他很实际，印泥不便宜，这朱砂本身就贵。

徐：所以他自己买朱砂自己调？

李：自己调。白石老人他用朱砂，画画也用，调印泥也用。有一次我父亲还亲眼看见，有人弄来这么一口袋朱砂。

徐：辰砂？

李：原矿出来的叫辰砂，没有经过提纯的。按颜色也能分好几等。这一口袋价钱确实不贵，白石老人全留下了，当场就付钱。白石老人不爱欠人账。而且当场他送给我父亲一些，白石老人对自己得意弟子真是好。

徐：但是怎么磨朱砂，现在一般人都不会了。

李：白石老人确实是劳动人民出身，这全过程都自己干，研朱砂研得很细，艾绒每次也都揉得很细。调也不好调，这三样东西比重不一样，朱砂很重。我看朱砂，一下子就能说这是真的假的，它不坠手就是假的。

徐：那调出来这个比外边买的好吗？

李：这就看怎么说了。有人觉得，你又不是专业调印泥的，你怎么会比专业的好呢？这里头有不同的审美，齐先生的印泥相对比较粗，可是他盖出来的印厚实，尤其是齐派这个印，他下刀下得狠，也粗，也深，这一点不像半丁老人，刻得很浅，有时候会糊上，齐先生的刻得很深，他的用刀，以刀带笔的劲头大，一盖这个粗印泥显得厚实，挺好看。

徐：颜色呢？跟一般的有什么区别吗？

李：我跟你讲在我们眼里，这个红可分三六九等。正式厂子出的印泥，你要仔细看，一拨跟一拨还不是完全一样。印泥比重很沉的，你揉一块面，就你这个体力，让你一下揉二斤面你累一身汗，这个比面沉得多。一次揉一小块，他能揉开了，你拌得不匀不行。就算拌得匀了，出厂了，进了印泥盒了，还要养印泥。隔一段时间就得调一调，时间长了就叫"朱死油活"，油反出来了。这朱要死到一定程度，它聚在一块儿了，你就调不成了，这印泥就废了。我这儿有买的老印泥盒，里边的老印泥全白搭，不能用。白石老人他这个印泥，经常自己调。

徐：调就是直接拿小棍调吗？

李：不行，小棍调不动，你得使铁棍调，软点儿都不行。

徐：还得往里倒油？

李：对，这里就出点儿故事。有一次人家蒙他，说"乾隆老油"，哪儿啊，没几年的新油！这一兑，麻烦了，再盖章洇出一小圈儿来。所以那阵儿，兑油那阵儿，他那画上印章晕一小圈那是真迹。后来他儿子帮着调，就没这种情况了。完了还往里兑点朱砂，那色又跟以前不一样了。所以，光印泥他就跟人家的不一样。

这里头还出了笑话。他印泥做得挺多，搁罐儿里头，后来传出去了，说他那印泥你外头买不着，是他自制的。白石老人一画画全神贯注，目不旁视，这就开始出贼了。有人到那儿装着看画，背着手。那时候没有塑料布，弄块油布，背手拿着，偷偷在罐里头扣一小块儿，顺走了。

原以为丢一点儿不显啊，哪知道白石老人等下回再拿的时候——从这罐儿里拿出点搁印泥盒里好用啊——一看就发现了。白石老人每回弄完之后，那印泥上头都得稍微弄得平光一些，不是像鸡啄狗啃似的，这回一看怎么不光啊？有人偷过的痕迹。老人还用心了，他已经有怀疑对象了。可是老头脸皮薄，又不忍说破，再说你也没抓着实证，没有当场"人赃俱获"。

我父亲就说，老先生逗极了，他说他见过老爷子写布告最多的一次就是这回。那次他到老爷子的白石画屋，一进门就止步了，旁边那柱子上贴一个告示："你又来要偷我印泥么？白石老人启。"再往那边一看，太师椅旁边搁一小条："你还想偷我印泥么？"再往那边一看又有一条儿："我知道印泥就是你偷的。"有这么好几个条儿，我父亲一看，说："老师，看来我今天得走了，我没地方坐了。"白石老人就捂着嘴直乐，"我不是给你看的，不知哪位女士她干的"。显然是一位女士。出这事之后老爷子警惕了，这印泥就藏在里头了。

徐：原先是搁在外边？

李：原来搁在一个好下手的地方啊！结果出了这么档子事情。

徐：白石老人的颜料有什么不一样？

李：他这颜料净自制的，有相当一部分颜料是他自己配的，不是外头买的成品。

徐：比如说红的、黄的，怎么自制？

李：红的他有他的配方，里头有老姜思序的洋红，还有别的，咱们为了市场负责任，没法儿在这儿公布。德亮你要喜欢，咱们密室相授。他的黄，石黄加什么，自个儿研的。他那赭石，是自己拿三氧化二铁那赤铁矿里面的某一种——赤铁矿你得选，赤铁矿里有的含铁量高，那个珠型啊比较大，跟葡萄珠似的，还有那粒儿比较小，跟小米似的，那种的好，炼铁不好，咱们这个画画好——他弄那个。那个不难弄，我小时候还有好些，这搬家都丢了。沾着胶水怎么研的，怎么澄的，他有他的方儿。那个上头的颗粒细，越往下越粗，细的那部分呢它对于这个墨没有多大遮盖力，但是往下粗的那部分呢它有遮盖力，就像其他石色似的，你焦墨上头再加赭石……

徐：也能盖住。

李：厚。所以白石老人他就根据这颜色的粗细，他有不同的用法，比如说需要染人的脸了是吧，他用细的赭石，还稍稍掺一点胶，涂那皮肤的颜色。可有的地方他用的粗赭石，他画那个竹笋跟别人不一样，他自己亲自刨过竹笋有生活，拿焦墨画一铁锄头——没人拿这入画，他一入画就高——底下呢有几只冬笋，刚刨出来的，他画完之后拿粗赭石啪啪甩几笔，整个还带着泥似的。所以看这张画你只要有那生活，就仿佛闻着一股泥土香。那颜色就是他自己做的。您说在画店想买这个，没有。您要买姜思序那个赭石膏，拿那个泡开了，您仿齐白石，就这一关从我这儿就过不了。他的花青也不是姜思序那花青膏泡的，是染房里的靛蓝，自己配的。

徐：我记得我有一次来您这儿，赶上有人找您鉴定齐先生那大白鸡，就是线条勾的白色的那个大鸡，好像一般的画册上少，一般的都是墨色的带颜色的多。

李：对，他画白的鸡很少，这估计又是别人点题了。白鸡往往叫乌鸡，乌鸡可是白毛，那肉是发黑的。这白鸡比较难画在哪儿？写意画里只要一沾着白描，沾上用线，那可以说比用墨还难。当然用得最高的是八大山人那条白鲶鱼。我父亲一辈子都特别敬佩这张画，好像画大写意的无人不临摹这张画，但是谁也没有达到那个境界。鉴定白石老人他画这个白鸡，实际上画法本身是一回事，还要看颜色，他那白也是自己做的，他在中药铺里买的某种中药，研一研。他那个白有什么好处呢？不返铅。过去的铅粉不是现在咱们用的白色，现在白色是化学合成的锌钛白，不变色。过去都用铅粉，古代那擦胭脂抹粉配的那个粉，属于官粉，现在来说它对于皮肤是一种污染，它是铅的化合物。你现在看那些古画里的美人，一返铅，脸上的白色就变黑了，不是全黑，一块块的黑，难看死了。这就叫返铅。白石老人发现这一点了，他自己琢磨琢磨，琢磨出那么一种白来，他的白我告诉你不返铅。如果说他早年画的画有返铅的情况，那是早年的事，后来基本上白色都是自己做的，就不返铅了。

他画的白马，我这儿存的有他画的白马，那都是这种白色。白鸡也是这种。另外他利用底子上稍微有点牙色的纸，画那个白茶花，也是拿这种画的。年头越久越白，因为纸颜色稍微有点深了。

可是宋朝人画院画用的那个白，不是铅粉，不返铅。他那用的是蛤粉，那可就贵了，那选某种蛤蚌做的。

徐：那个不返铅？
李：那个不返铅，它没有铅的成分。

徐：有点珍珠粉那意思？
李：对了，加工得很细很细。

徐：调胶？
李：对，那个得调胶。

徐：画一张画用六十多个大蛤，这画贵了。

李：那本身颜料那就贵了，是吧。但白石老人的白色他用得便宜，他自己发现一种中药，拿那个研磨之后画的。

徐：那您说现在这些画家为什么不自己调颜料了，都直接买了就用？

李：懒呐！就是懒，没别的说的。

徐：那现在颜料比过去的好吗？

李：现在有些颜料可以讲啊是比较好的，比如说丙烯颜料，它是国外研究出来的，最早中国画家还是通过日本那边买进来的。日语里边的"丙烯颜料"也是外来语，是从英语来的。

过去不好买，而且那时候买这还得用外汇，不好买。后来我父亲发现这个颜色不错，全国最早用丙烯颜料的反正据我知道一个是我父亲苦禅老人用，当然我也就跟着用，还有一个是黄永玉先生用，他到现在好像都是用丙烯颜料画的。

那个颜料有什么好处呢？它一次性接受水，像这个水泥一受潮，硬了就完了，这个颜料也类似，调上水，上到纸上之后，再着水就不怕。德亮你自己在T恤衫上画的猫啊什么的，不也挺好？它不怕水，可以洗。德亮手绘的T恤衫这就是艺术品，一件一个样儿，是吧？

徐：对，自己画的衣服，有点特色。我现在演出服都自己画。

李：这个丙烯颜料挺好，咱们国家也能制作了，但是好像在某些方面还是赶不上进口的。

我父亲画的中国花鸟大写意画史上最大的那幅《盛夏图》，就是四张丈二匹接成的，他那红荷花，就是用丙烯颜料画的。还有一幅他晚年画的《蝴蝶花》，为了在电视片子里展示用颜色的技巧，特意用丙烯颜料画的蝴蝶花。再有一张横幅的《紫藤八哥》，紫藤那个颜色效果特别好，纯粹是他学西画的底子加上中国画的修养，融合起来画的；那个紫藤绝对跟白石老人和吴昌硕都不一样，除了苦禅老人在技法上有自己的体会以外，材料本身也起重要的作用。

李苦禅　盛夏图　368cm×580cm

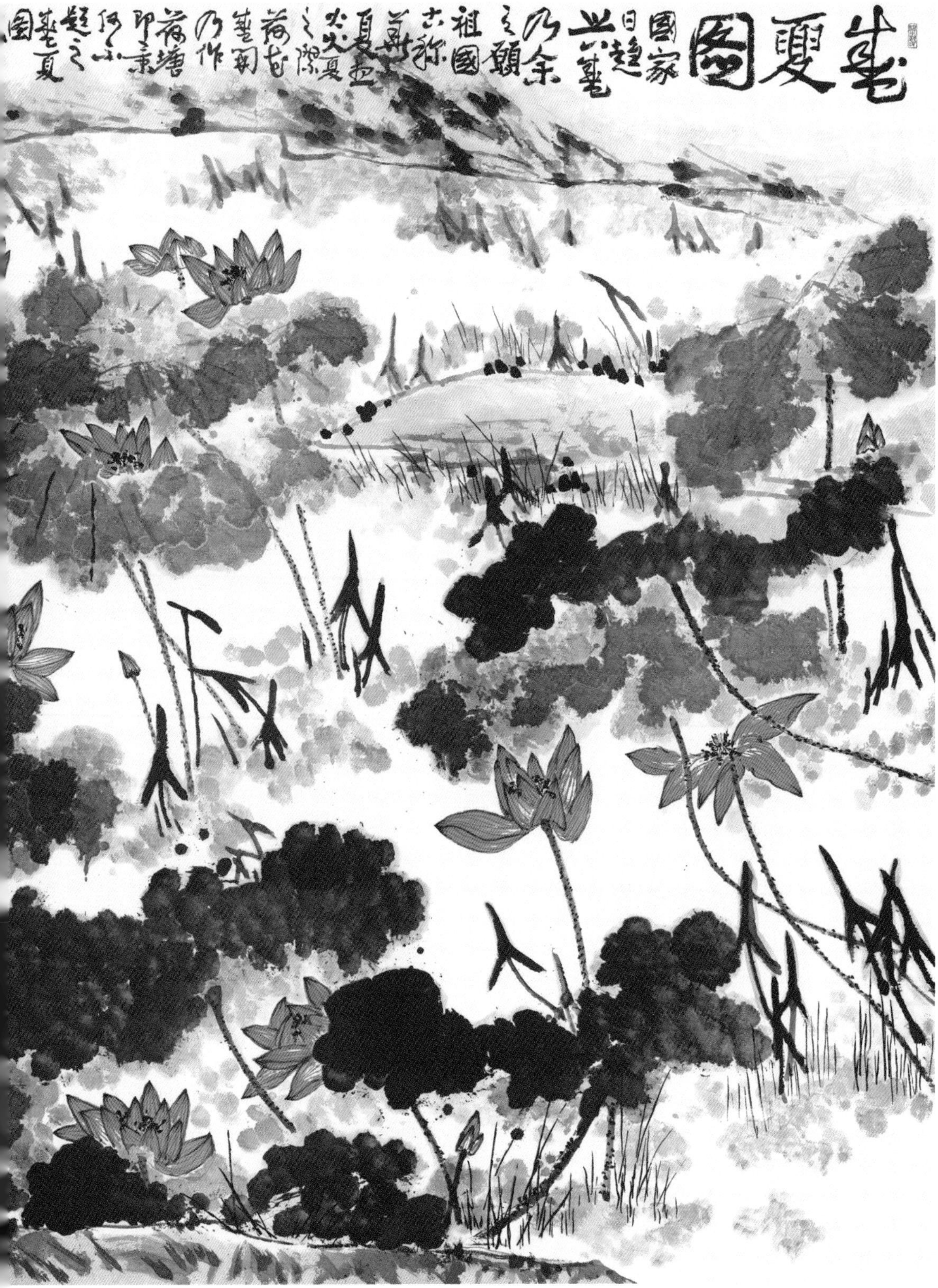
墨夏圖

李苦禅　蝴蝶花

李苦禅　紫藤八哥　98cm×181cm

　　现在我有些个画也是用丙烯颜料画的，但是传统颜料有些东西我们还得继承。比如矿物颜料，过去叫宝石颜料，这方面日本画家研究得很细致，他们在这方面有所继承发扬。这矿物颜料是天然的，比如孔雀石里面有某一部分，把它研了，然后澄过之后，出了头绿、二绿、三绿。

　　你说敦煌壁画多少年了，有地方它不变色，那都是用的矿物颜料。可是怎么有的菩萨脸发黑了？那就是因为当时拿朱膘掺了铅粉画的，就发黑了。张大千先生临摹之后，说要复原，那菩萨脸又回到原来那色了。他知道这朱膘就别配铅粉了，配新的白色。

　　凭颜料能鉴定白石老人的画、张大千先生的画，有个前提：这二位画

家他们用材料相对比较固定。但是像我父亲苦禅老人"携秃笔一支，游大江南北"，走哪儿一高兴就画，拿了一张纸就画，笔都是人家的，他适应性很强。所以要鉴定我父亲的画，从看材料来说呢，也是必要的，但是需要了解得更细致。但鉴定白石老人的画最应该讲的，也可以说是最简单的方法，就是先通过材料关。

徐：白石老人的画，您鉴定了好多，有没有以假乱真特别难鉴定的？

李：没有。现在造假画的也很浮躁，不像过去造假画的。我父亲曾经评价过这些人，说他的本事，未必比画家本人差，甚至还超过画家本人，但是他没名儿，就借人家的名儿吃碗饭。我父亲就是这个评价。所以有时候我父亲知道有些东西虽然是仿的，但是这卖得很便宜，他也收藏了。像我们家藏有苏东坡画的竹子，你信吗？全世界认为苏东坡真迹的大概就两件，都是手卷，一件在日本，一件在中国美术馆。您家里有一个大中堂，苏东坡的竹子？但我父亲明知是假的，还是买了，因为很便宜，画得特别好，作为教材还是可以的。

对现在造假画的现象，我有这么一个比喻，就是"还没学会编瞎话呢就忙着骗人了"。你看警察审那小偷，让他老实交代，小偷滔滔不绝地给自己辩解，警察往往有这句话："哎，慢点说慢点说，你先到小屋坐一会儿，等你编好了再跟我说行吗？"那就说你编得不行，人家一听都是漏洞。警察听过多少假话了，是不是？你编得没一定水平能骗警察吗？您造假画的，您要是造得没点儿水平能骗我李某吗？我什么出身呐？

我就这几条出身：第一条我门里出身。第二条我是"文化大革命"前，大师级的教员教育出来的，八年科班出身。第三条我在荣宝斋从30岁到36在那干了六年半，在业务核心部门，编辑科，我见过多少真迹？第四条我这几十年自己的笔墨实践没断过，工的、写的，各种风格的。现在还得加第五条，自打有了绘画市场以后，从我这儿过眼的画有多少啊？

哎哟！现在一般我不揽鉴定这事儿，得罪人！本来一假画，你那正犹豫呢，我一句话你下决心不买了，卖主知道你跟我关系近，那必是让我看了是不是？这干嘛呀？我没事得罪人干嘛呀？我现在一般不管鉴定。

徐：您过去有这种故事吗？鉴定得罪人的事。
李：有我才这么说的。

徐：这能说吗？
李：哎哟，不讲不讲。我有一次在电视台，在鉴定节目讲鉴定，我讲了好些内容，后来播放时只播了一丁丁儿。我打电话给编导，我说我费那么大劲儿说一上午，您就播那么一丁丁儿，是不是你们领导看着没通过呀？他说就是因为领导看了，您说的大部分都不能播。我说为什么？有什么错儿？说没错儿，您讲得忒好了，忒细了，造假的人要照您说的那个方儿，他还能造得更高明。哎哟！我说我早就留一手啦！

徐：您没全说？

李：对，我不能全说呀，我知道听这节目的有好人也有歹人，我知道这个呀，我能全说了吗？那领导还是怕担责任，说是您这可惜了的，播不了。

白石老人的画越贵，这假画就越多。有的假的简直是根本就看不过去，就不用离近了看，我老远连花镜都不用带我就知道是假的，就那水平，太差。

我为什么去看拍卖行的预展？因为有些朋友想买，那我得负责。我在那里一句话也不能说呀，连脸上都得学刘备，"喜怒不形于色"，因为表情也有说话的时候。全看完了回去，到汽车上打开册子，哪个怎么着哪个怎么着，这时候再说。人家相信我，我一句话定乾坤。人家几十万甚至上百万，就压在这儿了。有人还问呢，那么些假的怎么就能上拍呢？我说这里头你就不明白了，这里有这里的学问，上拍卖了之后拍卖行能分成呀，是不是？

徐：对，他们拍卖行不管鉴定真假。

李：人家那有条款，你不仔细看呐。最近有人买个翡翠扳指，嗬，我看那晚报上的照片，倍儿绿呀，好家伙，满绿，6万。

徐：满绿扳指6万？

李：你一听这价儿就不对，高不成低不就。满绿的翡翠扳指，60万也不止啊！A货翡翠，种儿又好，又满绿，这6万本身就是"撒谎脸红的价"。你按真的卖索性标价60万，要不就明说这是马来玉做的，明摆着告诉你我就收你个手工钱，我卖600，这都行，哪有6万的价啊？

现在这染色染得好不好？我见过，真好！您就当真的戴着吧。我管这叫什么？叫"戴着不阔，丢了不穷"。戴着你也不阔是吧？就是丢了，也不穷，不就600么？

关键是买主儿现在不下功夫自己去研究，买了之后再去找行家鉴定，

175

结果是染色石英。又去告拍卖行，你猜怎么着？败诉。人家拍卖行说，你不仔细看，我们前头都有条例，我们规定了，不保真假呀，赖你！你自己没仔细看。

徐：拍卖行当然不保真假了。

李：出门概不退换。哪像过去做买卖的，贴一个"童叟无欺"，真能做到"童叟无欺"。

琉璃厂有一个活动让我讲话，我讲了一段大家热烈鼓掌，为什么？我讲的都是真话。我说：琉璃厂文化街，你们要发扬文化街的精神。你做一本书，什么叫琉璃厂的精神，没用。你就记住就这么几句话就是琉璃厂的精神。第一就是诚信，绝对不骗人。当初琉璃厂没那么豪华，雕梁画栋油漆彩画，我说这是土豪设计的啊！民间哪画得起这个呀？就跟最早期潘家园似的，一片荒地，是吧？交5块钱税钱，然后占1平方米弄一包袱皮儿，在那儿卖，这我去过。琉璃厂您听这名字，烧琉璃的，后来废了，那一片等于是没什么人要的地方，在那儿大家卖点古董，时间长了讲诚信的就留下了，不诚信的待不住。而且那时候确实真的能淘宝，那时候北京这么多文化人，文化人工资又高，当大学教授一个月大洋100多200多，他们到那淘换自己的一些资料。当然也就是让他们淘换得那价儿就上去了，你不说它有价值，人们就不知道。你说化石有价值，这挖出来化石价儿就贵了。

再往后说，这鸟化石最贵，鸟化石就又多了。这不美国人买回一块吗？这恐龙有尾巴，它长出鸟翅了，美国人写篇文章，登在权威杂志上，好家伙，名声大震！给恐龙和鸟之间的关系，找这么一个证据。结果中国学者就揭露了，说那块化石是伪造的，这篇论文就作废了。这个美国学者很认真，来中国找到这位学者，他把这化石拿进来了——海关还得登记，不然带不出去——这化石怎么假了？

中国学者告诉他，哪哪哪是接的，什么什么接的。这是那个地层的石头不错，但这俩不是一回事。美国人还不信，中国学者说你要不信我带你到那地方看看。好，一到那地方，专卖这古动物化石。好家伙，这一条街都是，地摊也是，柜子里也是。然后又带他到一个老头儿那儿去，他在那儿正做化石呢，这拼那拼的。这美国人特别气愤，就说你怎么可以伪造化石啊？老头说我也没犯法，你不是靠做学问吃饭吗，我就是靠做假化石吃饭，您爱买那不怪我呀！这位美国人气得鼻子都歪了。

什么值钱，马上什么就有假。正因为这样，原来老琉璃厂那些个不诚信的商家就自然淘汰了。没人问你了，你就没生意了。你别看当时没手机，马上就传开了，谁那儿不能去，谁那儿要谎，谁那儿玩意儿不真……没人理你了，最后留下来的就是诚信的。最后发展到，有的大宅门、没落贵族，他有的是货，缺主顾；有的主顾缺货，他找个中介。实际上是这么一个关系。

那真是到了一定程度，就是这么做生意的，卖家跟买家说："您看这位那玉牌子有意思是吧？别提价钱，见外，您拿回去玩儿去，您玩儿腻了给我拿回来。"这就一分钱不要先拿走了，过几天买家回来了，带着钱来了，成交。

有的甚至这么说：我这进价10块钱，您看赏我几块钱赚儿？连本儿都告诉你了。像我父亲好些文物怎么买的？就这些人往家里送，不用你出门。这些人脑子好，你说你想要什么，他就到处寻摸，下回来的时候就能给你带来。

过去"文化大革命""破四旧"之前，北京可是文物太多了。那些大宅门，那些个没落贵族家里头，东西太多了。我跟我父亲去过一家，没再去二次，我父亲太累。四合大院好几套，就仅一个四合院的一个厢房里的东西，满地都下不了脚了。他不定从哪辈儿开始一辈辈儿留的。文玩字画什么玩意都有。转下来累得我父亲了不得，他那血压高。我说：爸，回去吧，索性咱们得了，别出来了，这不是有老李在这吗？让他给咱们送。

这个老李外号叫瞎老李，为什么叫瞎老李？因为他也不懂，他就是有个赚儿就行了，但是讲信用。一送东西来就说："我这是5块钱的本儿，您看赏我多少钱的赚儿？"那跟我父亲都成朋友了。"文化大革命"的时候，我父亲挨批斗、坐牛棚，有一天有人敲门，我还奇怪，这时候还有客人？一开门，是常送古董的两位之一。

徐：那时候不会是送古董来的吧？

李：每次来都夹个包袱皮儿，里边有货，这次可没有。我说："您这时候还来干嘛呀？""我得看看苦老啊，我得看看他。"我说："您别看啦，都已经押到牛棚住去了。""还好吧？"我说："还行，还行。您快走吧，我今儿也不客气了，不留您坐了，您快走吧。"他这才恋恋不舍地走了，有感情啊！

你想这是什么生意呀！这是仁者的一种交易，是雅的交易。哪像现在呀！这么多文物市场，尽是"坑蒙拐骗阴贼险狠"，得了，八个字总结了。

徐：买家也净是不懂也不学的，就是敢花钱。

李：唉，很重要一个原因就是新富起来的人也太浮躁。为什么现在管有些老板叫土豪呢？忒土。您多学学多问问，攒点知识，然后试探着，先买点小玩意儿，买错就错了，那过去哪个收藏家不交点学费？您别一上来就大把大把地交啊，您有那些学费，您赈济赈济灾民好不好！

如今，齐老先生的画价有升无减，可是赝品也是有增无减，诚望诸位藏家慎重为好。

真喜欢的真买得起

齐先生的画，20块、10块、15块，还有七八块的，不是光凑整儿的，可以说真喜欢老先生画的真买得起，省吃俭用真买得起。

徐：我跟您学画，都是拿画来您帮着改。

李：真正教画画、学画画，都得这样，必须动笔。

徐：在解放以后当时您父亲也已经岁数不小了吧？

李：周岁来说他51。

徐：齐先生那时候90，那个时候李苦禅先生还拿着画找齐先生看吗？还是齐先生给他改画吗？或者他们之间还有这种艺术交流吗？

李：在建国以后白石老人进入90岁，他的画的水平还在往上提高。白石老人最伟大的表现是一般人没有的，有人有了名以后吃老本，最后老了倚老卖老，其实他的画已经往下衰微了。一般画家够一定岁数了就没人给你提意见了，捧场的多；但是白石老人一辈子老认为自己不够，不足，因为他没有学历，他也不知道"学历"的圈多大，他就使劲儿学，实际上他学的东西已经早超出了现在所说的什么博士、硕士之类的了，他还觉得不够，他老有追求。所以到90以后，一年一年的，那水平噌噌往上走。

在这期间，他跟这些比较得意的弟子之间的关系仍然非常密切。白石老人身体也好，精神头也足，说他"因病去世"，实际上就是寿终正寝，他在艺术上始终可以说头脑一点儿不糊涂。

徐：他到90岁以后画画，有没有什么看不清楚，或者笔颤了、抖了这种情况？

李：有人说他工笔草虫都是年轻时画的，老了补景。这种情况是有的，但是他80好几了他的眼神还能画工笔草虫。有他的题画为证，意思是说我

50 年代李苦禅与恩师齐白石探讨绘画

年轻时候就画工笔草虫，到现在还有人要，我不得不画，其实他那时候已经有新的想法了。话说回来你刚才提的问题，像我父亲苦禅老人还有他的师弟许麟庐等等，跟老师之间是不是还能够继续保持互相之间的师生关系？可以说一直保持着。

在刚解放的时候，许麟庐先生开了一个和平画店，这个画店所起的作用相当大，其中有一个作用是什么呢？就是让白石老人打破了常规。什么叫常规呢？一般别人请他画画，像有笔会来一趟？他不去，不出去画，就在家里画，但是这回打破常规，到和平画店去画。就在北京的西观音寺胡同，往西口路北……我这说也白说，都拆了，好些老北京的纪念建筑都给"旧城改造"了。

徐：那就等于是离东琉璃厂很近了？
李：不是，在东单那边。

徐：观音寺不是在琉璃厂那边，大栅栏路西那条街？

李：北京过去重名的地方不少，现在这原址都已经是建国门大街了，拆了，就离东单——我们说的"东大地"——很近。

徐：东大地不是在红桥么？法华寺西边，90年代初那里有一个曲艺票房，唱评戏李世尧老先生当把儿头，我还去过。

李：要不说老北京重名的地方多呢，我说的东大地那边原来是一个大广场，估计是干曲艺的都熟，做艺的离不开那儿，搭席棚、干曲艺、演杂耍、说相声、唱大鼓、变戏法、吞宝剑、吞铁球，还有各种吃喝，可惜那时候没录音机。

徐：在哪儿啊这个地方？

李：就是现在的东单，现在都改成体育场什么的了，离那儿很近很近。许麟庐先生他爸爸想把他培养成一资本家，开一个大华面粉厂，就在现在的大华电影院旁边。

徐：他们家本身就是有钱人？

李：有点儿钱吧！可是许麟庐先生就是不愿意当这个老板，就爱画画。我小时候我父亲带我去过大华面粉厂，那时候不讲"环境保护"，还有老远就听着"轰里轰拉"，机器轰鸣，好家伙，进了那屋说话都得大声说，要不听不见！他那个经理室把门和窗子关得严严实实的，甚至还得弄个枕头堵上，这才能在里面谈话、画画。他是天天画，就不像一个面粉厂经理。

有什么人来问什么事，报什么事，许先生还挺讨厌："出去出去出去！"来人说："我不能出去啊，云彩上来了！东大地那儿还晾着麦子呢。"我父亲、许麟庐先生这才一块儿下楼，赶快跑到东大地，东单广场那里，拿苫布赶快苫麦子。麦子要湿了您做麦芽糖去吧，磨不了面不是？赶快苫，不然的话你怎么给人家交活啊！

等干完了活，气喘吁吁回来。两人都是性情中人，我父亲就说："你说这是干什么呢！麟庐，你干脆开个画店吧。""行啊！就开画店吧。"一句话,把厂子给卖了,卖得甭提多便宜了,好像是废铁的价钱。当然他的机床也是实在有点儿过时了。

说实在的,真是个冒险行为,你要知道刚建国之后,那时候经过长期战争,百业凋零,琉璃厂大部分店铺都关张了。德亮你老在电视上给人家讲古玩,就你现在在电视上讲的这些值钱的东西,在那时候我告诉你,都轮不上,比现在这些档次高得多的那个都没人要了!那时候,2千块钱,相当于现在的2毛钱,能买一个真正官窑青花釉下彩的印泥盒。实际上就是粉盒,都拿它当印泥盒了。这都没有人要。一是没钱,再一个这是"封建主义"的。

许师叔愣冒险,在不远的地方,在西观音寺那儿开了一个画店。铺面房,上去三层台阶,楼下挂着画,临街的都是玻璃,那不能挂,早上得摘板,晚上还得上板,那三面都挂满了画了。楼上摆一个大画案,摆几张椅子,有茶壶茶碗,坐些来客聊天、作画。

对面有一个酒缸,那会儿不叫酒店,叫酒缸。就是那么一个小店,隔不远儿,也卖点儿油盐酱醋,一些爱喝酒的常到那儿去。在里面据说有一缸酒就是老陈酒,弄到坛子里头,那坛子在柜台上摆一溜儿,红布盖着挺有特色的。旁边还有一个酒墩子,你来2两?一墩准是2两。大家都熟了,来盘肉、酱牛肉,还有兰花豆、花生米、盐煮豆等等酒菜,墙上有一块房山石板做的黑板,底下有石笔,欠了债拿苏州码记上,到月底结账。

李燕聊齐白石

徐:什么叫苏州码?
李:苏州码就是做生意用的那个数码,不做生意的现在看也看不懂。

徐:我想起来了,詹天佑修京张铁路,里程标上用的就是苏州码,那意思就是这是我们中国人修筑的铁路,所以用中国的数码计数。
李:这一办这个画店可不得了了,那个酒缸的生意可好了。和平画店净来人啊,管酒管酒菜儿,从楼上一叫,"打一斤酒","好嘞",就端过去了,顺着楼上一叫就过去了。

徐:等于现在叫外卖了。

李：对。说这个画店叫什么名字啊？当年正是世界和平运动的时期，怕三次大战再起来，就叫"和平书画店"吧！谁给写的匾？现在没处找去了：几块匾，头一块，白石老人写的，"和平"，现在还在，"破四旧"没给烧了；还有徐悲鸿徐院长给写的，还有郭沫若给写的。这三块匾的高品级现在找不着人写了！

徐：没这三位了。

李：许麟庐先生人缘极好，大家给他起的外号叫"柴大官人"，就是我们老家高唐县那位柴进柴大官人。许师叔社交很厉害，他真诚，谁跟他一见面就得到对方信任，这不得了，他真诚。你说他有什么背景？我许爷爷，那就是过去做点儿工厂的生意，我父亲的话就是，反正天天就是收破铜烂铁卖破铜烂铁。开这个画店，许爷爷都不同意，他意思是让他的儿子许麟庐当资本家，干实业，但我这个师叔怎么着也不像资本家，就是痴迷画画，他也管不了了。

他担心到什么份儿上？从开画店起，他天天就在画店坐着，看有买主没有，就生怕没生意。这吃饭是第一要紧，你不挣钱就没饭吃。我们许叔多少儿女？好家伙，一串。

可是这店一开啊，好家伙，哪是画店，简直就成了北京文化人大聚会的地方了。但不同于现在的私人会所，私人会所里净腐败，这儿是大敞阳开，谁喜欢都能进来，门口没有拒客的，也不会让掏什么这个卡那个卡，没有，都能来。

而且来的都是点得上名的。政界的陈毅元帅，那时候还不是元帅呢，还没有封军衔呢，他来过。许师叔他不认得，因为过去共产党进城那身穿得朴素的不得了。他看着这个画店很好，说"可以到上海办一个嘛！"他走以后，许师叔问："四川口音这位是谁？"有人说这是陈毅，哎呀，这么大的名人咱们都不知道！那时候陈毅一度担任上海市市长。

再一个大名鼎鼎的傅作义，因为和平解放北平他有功，给他当个水电部副部长。我那时候见过他的模样，长得像个教授。要不电视片子里有时候他们用错了，我说这不是傅作义。你怎么知道？我见过。你别看我小，我

1950年李苦禅、许麟庐与恩师齐白石合影

记性挺好的。还有夏衍、吴祖光与新凤霞夫妇，还有二十七八岁的黄永玉，刚从海外回来，还有黄苗子、郁风夫妇，当然少不了我，我父亲几乎长在那了，天天去。他喜欢听，喜欢说，大家也都欢迎他，有他很添热闹。

白石老人到这儿一看挺有意思，接长不短的，从跨车胡同，在西城区，到东单，这个东单属于东单区，现在叫东城区，坐着人力车——那时候还有人力车——到这儿来，毕竟岁数大了。

到门口，大家"接驾"，扶上楼去，在楼上画，画完了就在那儿卖。门口贴一个牌子，以后绝对没有这个牌子了，"齐白石书画专卖店"。现在谁敢贴这个牌子？你有那么些货吗？是不是？你敢贴上去第二天就让人砸了，准保有假的。

白石老人就在那儿画，就在那儿卖，画完连托都不托，后面有铜版纸一垫，搁框子里面这么一压，就好像托过似的，效果不错。卖画不卖框子，框子都是硬木框子，上头配黄铜环子。墙上挂的也是，地上摆的也是，就差天花板没摆了，那热闹极了。

许麟庐师叔很讲义气，卖了到时候就给结账，所以白石老人在那儿画画的时候特别高兴。旁边，我父亲就是大弟子；我父亲介绍比他小15岁的许麟庐入齐门，等于说齐老先生关门弟子里成绩最高的、现在足以堪称一家的就是许麟庐先生了。

徐：当时您父亲50，许先生也就35？

李：对，就是，正是年轻气力壮的时候，风华正茂的时候。白石老人在这儿一边画一边说，这是最好的教学方式，就是一边动笔一边动嘴。京剧《打渔杀家》有话，那里边有真理，"徒弟练了没有？看师父的吧！告诉你们听着，光说不练是假把式，光练不说是傻把式，咱们是边说边练，瞧！我这是什么？不知道？这叫茶壶，再瞧这个，这个叫什么？不知道？这叫胡搅。"到后边使包袱了，可前面有个"光说不练"跟"光练不说"这两句话是真实的。

实际上教学呀，别来什么"教学论"，好些都是假招子。为了评学位，凑字，来个"论"。实际上，黄胄说："最好的学画方式就是看大书画家在那儿画画，当场看，这是最好的学习方式。"这段话是黄胄说的，我有录像为证。

现在有人净制造历史，吹自己，"周总理对我说，你是个好人"。谁听着说了？仗着岁数大倚老卖老，咱不能干这个事。我这儿有录像为证。黄胄他怎么学的？他就看各个大家画画。他也不是美术学院毕业的，他就考美院也绝对考不上，首先一说英语就过不了，再有他也不会说普通话，他是蠡县口音。

黄胄没上过美术学院，他靠什么学的？他就是靠看这些个著名画家画画。他早期看我父亲画画他有体会。我父亲一边画就说："黄胄啊，你那个驴画得好，你有速写功底，特别地生动，这别人办不了。可是你那驴腿你看你几笔画出来的，三笔四笔五笔甚至六笔画出来，你如果是写出来，用不了那么多笔，三笔，连蹄子在内全够了。"黄胄这人悟性强，回去之后一试就好了，所以他的驴子能享大名，就是他把大写意的笔墨和他速写的基本功完美地结合在一起，炉火纯青。可以讲，谁再画驴，我敢说至少六十年之内，您就照着黄胄的画吧。就跟白石老人的虾似的，恐怕今后再过六十年，你也甭想超过他。

徐：他把这个笔墨提炼到了最精华、最精炼的地步了，但其他人一学就变成程式化了。齐先生画虾，一笔两笔三笔，黄胄先生那驴也是，肚子那两笔，等等，包括徐悲鸿先生那马，别人一画就变程式化了，很僵。

李：一程序化完了就进入公式化、概念化啦！这就空了。这就是苦禅老人讲的，大写意画容易越画越空，没有齐老先生那样全面的修养，只能知难而退，半途而废。咱们说回许师叔学画，特别实际的教学方法就是老师边讲边画，而且白石老人一辈子不掖不藏，他特别的度量大，希望自己弟子超过自己。

李
燕
聊
齐
白
石

徐：您说这是50年左右，51年？
李：50年，刚建国没多久。

徐：当时这个齐先生是几乎天天上和平画店去画？
李：那么大岁数的人了，不可能是天天去，就是有时候去，去了就连着画。

徐：经常去，周围就是徒弟们，再加上买画的？
李：对。

徐：买画的人直接看着齐白石画画？
李：能啊！

徐：有没有说，齐先生你给画大点儿或者是便宜点儿？像他这么大的艺术家，我想象不到他跟别人砍价的感觉。

　　李：是这样的，白石老人一生是以卖画养活江南江北几十口子人，他有一定的笔单。而且他可以点题，说："我给人祝寿去，老先生您看画什么好？"齐先生可能就说："画寿桃，画一对白头翁，富贵白头，富贵长寿。"有一些既定的题材，可以点题，就跟过去人家点戏似的，白石老人会的题材多啊，是不是？但是谈价都归我师叔许麟庐先生，归他谈。那时候说实在的，齐老先生，在字画市场基本凋零的情况下，他是"风景这边独好"，就他的画卖得好。首先他的画雅俗共赏，再有价钱合理，他可不炒作自己，白石老人一辈子绝不炒作自己。没见过白石老人的名片上写着"世界大师"或者"联合国评100位世界大师第几位"，有人一说这个，我是第27位，我说您太客气了，您就说第一位怕什么的，反正我们也没有办法到联合国查去的。所以那都是瞎掰的，连吹都不会吹。我现在听吹牛的觉得特可怜，他没有听过老北京的段子，老北京的俗话："想吹牛他都不知道牛在哪儿。"您怎么吹啊？

　　白石老人可是实事求是，就是"齐白石"三个字。就跟侯宝林一样，就"侯宝林"三个字，没有上面加一大堆头衔的。

　　徐：他现画现卖，哪有那么多有钱人买呢？

　　李：第一说价钱不贵，那时候的工资不高是吧，你只要省吃俭用，能买得起。

　　徐：那会儿齐先生的画大概多少钱呢？

　　李：咱这么说吧，普通他常画的就是一尺乘三尺条儿、一尺乘四尺条儿，一般都是这种尺寸。按照当时的物价来说你要是能够花20万，旧币20万就是20块。53年中华人民共和国币制改革，因为这个货币是由原来国民党那时候物价飞涨，延续过来的，所以最低货币是100块，我小时候早餐父母给我500块。用500块吃早餐？对了，抓一把蚕豆100块。后来53年币值改革，把100块降为1分，购买值是一样的，就是票面不一样，1万块改成1块，时至今日一直没变。不然的话账目也了不得了，后面一大堆圈。咱们还说回现在的价，好理解，齐先生的画，20块、10块、15块，还有七八块的，不是光凑整儿的，可以说真喜欢老先生画的真买得起，省吃俭用真买得起。

徐：那会儿一般家庭一个人的收入是多少？

李：那会儿收入不好说，因为刚解放的时候币制、市场波动很大，发工资是论小米，好比说你的工资定700斤小米，有的600斤。

徐：发也直接发小米？

李：不是，按小米的价钱发工资。

徐：是不是这个月的小米5分钱一斤，合多少就发这个。

李：对。共产党终归没有管理过城市，现在统一中国了，城市归共产党管了，这里头金融这套东西，你们要想仔细了解的话，读陈云的著作。当时整个接管城市、如何管城市，那是陈云的功劳，他懂得经济。暂不说这个，咱还说回去。为什么白石老人画卖得好？一个是价钱合理，一般人买得起；再有一个，当时又有"贵人之助"，这可不得了，白石老人在他的经历里面每到关键时刻都有"贵人之助"，都介绍买主，还是大买主。那时候好些以卖画为生的麻烦了，不像有的教书再加画画，是不是？

说实在的，白石老人还是沾他跟毛主席同乡的光，他是湘潭人。毛主席身边的比如说像钟灵这样的干部，他负责什么工作呢？给中南海的首长们提供一些文化艺术活动。这些首长办公很累，是吧？有时候也需要欣赏欣赏艺术品，看看演出。比如说侯宝林先生经常进中南海，给毛主席说相声，给中央首长说相声。有这一条把相声救活了，有一段时间相声要砍掉，幸亏有侯先生，相声才保留下来，侯先生功劳很大。当时钟灵就介绍说有一位湘潭老乡，画得很好，毛主席一听说还有我的老乡？大画家？主席就有印象了。

那个时候周总理正在筹备外交部，那时候还没有成立外交部呢，可是已经有外事活动了，主要是在社会主义阵营里的外事活动，需要送国礼。建国初期咱们财政这么穷，送礼你得拿出手去，是不是？又不能多花钱，后来就想到白石老人了。第一画好,第二不贵。

这中南海的干部一来,行了,这个和平画店就有生意了,重点点的就是白石老人。他拿手指哪张摘哪张,指哪张摘哪张。有一回往西边的墙一指,"一溜儿",这一溜儿全下来了。还有一回最彻底,他一来西边、北边、东边三面全拿走了,主要是白石老人,其他的捎带着带几张,比如说有我父亲李苦禅老人的,还有王雪涛师叔的。这一下好,赶快关板,没货了。其他的存货也不多了,赶快到天津筹备货去,因为天津那边不久前还是租界,有些买画的存画,这会儿急着花钱就拿出来卖了。建国初期穷啊,最宝贵的是赶快有钱,有钱赶快买吃的,所以这些都不贵。许麟庐先生赶快到天津的租界那儿收去,要不第二天、第三天开不了张了,白石老人也不可能画那么快,是吧?

那回是最特殊的,基本上是中南海来人,手指哪张要哪张,买完了之后下午就是刘金涛刘师傅的活儿了,他现在还健在。这位师傅不是一般人,他跟大画家们都是朋友关系,蒋兆和先生的《流民图》,被日本鬼子从墙上撕下来,都不让展览,扔垃圾堆里,一半都毁了,剩下一半都烂了。装裱、修复这个,谁敢接这个活儿啊?他敢接。现在你们看到的《流民图》上面还有一些斑斑残残的,但好歹能够看着像一张画,是谁做的活儿?刘金涛做的活儿。他有跟白石老人的合影,出入都是不必打招呼的。徐悲鸿的《愚公移山》那么大的国画,都是他裱的,裱完以后不会再揭裱出事了。李可染的画,非刘金涛不能裱,指定的,包括我父亲这些画好些都让他裱。他存不少好东西,一张不卖,据说也让人给顺走点,偷走点儿。

所以中南海的人一来,金涛斋的生意也好了。

徐:裱完了再弄个锦盒当国礼?

李:当国礼,送出去。所以海外现在有不少白石老人的画。那时候偶尔有外宾来也买,当然都是社会主义国家的,是吧?他们挣的是专家级的高工资,他买什么啊?就喜欢这个。

徐:在50年那会儿在画坛上齐先生是像现在这样最高峰了?一枝独秀?

李：按生意来讲可以讲他是一枝独秀。

徐：当时有比他卖得贵的吗？
李：那卖不出去了。

徐：有价无市？
李：说实在的，老年间，画家对市场都非常尊重。如果说你自己挑着高叫，麻烦了，老北京有一句话，沾上这俩字可就没人敢找你买画了，那位"要谎"，或者那家"要谎"，就这个"要谎"俩字，要就是要不要的要，谎就是说谎的谎，一有这个就麻烦了。信誉啊！第一是人的信誉。你人没有信誉你卖的商品也没信誉，是不是？先秦的时候老祖宗就教导我们说，你老跟人说假话，最后你听的全是假话；你老骗市场，最后市场也骗你。就这么个道理，所以那时候人特讲诚信。有时候真的是画不好卖了，有时候偶尔有人来问，您那润格如何？就是笔单，每方尺是多少钱。画家回答的时候，都不好意思说多少钱，有的说："您看着赏吧。"就这么客气，您看着赏吧，就是觉得一谈钱恨不得脸红，都说到这个份儿上了，您看着赏。

徐：当初您父亲的画的价格呢？
李：我父亲可是不行。他画大写意，而且他的大写意在中央美术学院被列为封建的东西，所以他的画也不能卖。

说实在的，我父亲建国前参加地下工作，组织安排他一直做党外人士，以便于掩护。而且直到新中国成立以后，他的组织关系也没有解密。直到去年，2014年，北京市委宣传部有关部门才解密，李苦禅，在解放前，是正式参加八路军冀中军区平津地区情报站主任黄浩同志所领导的北平情报站的正式成员。你瞧这衔儿还不短呢，比孔夫子的"大成至圣文宣王"官衔还长呢，呵呵，开玩笑了。

徐：学校把他列为封建的画家了，那他在学校还怎么干工作？
李：偶尔就教课。他教写生课，标本写生，现在保留有当年的画稿。他

李燕聊齐白石

是西画系毕业的，中西合璧。还有画人体模特。

最近有一位很得意的评论家说李苦禅不会画人物。他看见我父亲画的人物没有？虽然经过"文革""破四旧"把我父亲画的人体全都烧了，但现在还留着他画的人物，还有他当年画的人物速写啊！你也不看看，那画册上有啊。他没看就敢说。现在好像评论家说话不负责任，就跟说徐德亮没文化才说相声似的。人家是北大中文系毕业的，毕业之后投入到相声曲艺研究之中，人家是学者加相声演员，不是说吃饭没落子了，才说相声，不是这么回事。

徐：您又夸我。我对于评论家也确实不感冒。评论可以，评论成家可以，但您得先干过这个。书法评论家，您得先会写字，还得写得好。没到一流书法家的水平，就体会不到一流书法家的境界。什么叫知音啊，您得到了钟子期的高度，才能解理俞伯牙，不是您看过好多人写字就懂写字。电影评论家也是，您得先拍过电影，不见得拍过多有名的大片，但您得拍过，看这个镜头，您得知道为什么这么处理，镜头之外的情况是什么样，不是说看过好多电影就是电影评论家了。您当观众，花钱看戏，说什么都行。您充大爷，当评论家，还得让专业干这个的听你的，就太胡闹了。

李：现在的评论家太不负责了，还有的说"李苦禅不爱读书"。我请问一下，你爱读书，得问问你读过《白石诗集》没有？你要爱读书，你又是研究美术的，有高级职称，齐白石诗集不能不读吧？你就算说诗集太厚，你读前几篇行不行？读没有多少页，就能读到白石老人当年赞扬我父亲的诗，里面有一句明确极了，"廿七华年好读书"。"廿七"就是27岁，"华年"就是风华正茂之年，"好读书"，最喜欢的就是读书。就这一句不就把你这个谣言给破了吗？是不是？27岁好读书，显然不是从27岁那年开始读书的。现在好多人，就是侯一民先生所讽刺的："打倒名家就是名家，骂了名家就是名家，太急功近利了。"

咱回来说和平画店当时的文化氛围。可以讲，各路的大画家、大文豪都来。老舍先生是常客，他们互相一聊，那是什么文化档次啊？所以我从小沾光，好些学问是先听的，后来才在书本上看到。可不是道听途说，是在我父辈的文化环境中听说的；而后，一查书上还真有。

所以在那样一个文化环境里头，再加上许麟庐先生好学、虚心，旁边有一位大助教李苦禅，当师兄，还有最了不起的大师白石老人，当自己的导师，所以许先生成就也非常之高。现在请问您学艺术，报的什么导师班、什么研究生班，可以想象那个境界吗？所以在那个时候师生之间的交流非常密切。

特别是白石老人一辈子虚心，没有老师架子，师生之间交流是彻底平等的，而且他特别不喜欢说虚的话，恭维的话、白石老人一辈子特别讨厌这样的话。有爱说这个话的，时间长了，白石老人就不理你了。

徐：就恭维他他还不理了呢。

李：不理你了。你这么大岁数知道恭维话是假的，白石老人这么有智慧他听不出来啊？我现在还认字呢，有人不信。中国汉字一共是五万四千多字，你一辈子认不全，有好多的字你认识念不出音来，总是不用，我有时候也提笔忘字。还有一回电视上发现了春秋时代举国的铜器，上面都带着"举"字，钟鼎文里这个"举"字我不认得，没有见过，我当时就仔细地看，是不是又多认识一个字？下一次再碰到这个我就知道这个是举国的。您真有学问，什么学问？我看电视我留心了，是不是？现在查还没有那个字，没有编进去呢！

徐：过去说相声老说我们是"即问之学"。

李：那你看侯宝林先生有什么学历，一聊天学问大了，就光说扇面来有多少种，什么发笺、冷金、洒金、雨雪的一个惯口下来了，可是这个活儿他没使过。他在生活中语言也很简练，扇骨、扇坠、扇套，什么都懂。我说侯先生您真行，你现在让国画界本行的说扇面都说不出来这些了，他们压根儿就没有见过。原因很简单，就是侯先生他老觉得自己文化不够，总是爱问，总是找行家问的。有一些扇面现在根本就见不到了，你找一个正儿八经的瓷青扇面我看看？

徐：发笺我都不懂，什么是发笺？

李：那个上头有一点纤维像是丝丝头发似的，要的就是那个质感，写出来是很有味的很古雅的，那个真不好找。过去这种玩扇子是小众范围之内，不像现在，大家有了钱了都想玩点儿这个玩点儿那个。现在找一把好扇子、新扇子都贵得了不得，有的玩一年变形了打不开了。我们家"文革"后还剩几把，赶明儿哪天找出来给你看看。玩扇子那是有专门玩扇子的，老舍先生有160把扇子。不用说别的，四大名旦四把扇子，一套，带扇骨、带扇坠、带扇套，扇套都是那个古代刺绣的，讲究极了，还有扇匣，四把一套楠木的扇匣，是一个小抽屉，说明这个小抽屉是其中的一个，这个得懂，不懂的伸手一拿来麻烦了，抹得都是手上的油不行。

这160把扇子"文革"时候抄走了，我就问舒乙了，到现在一把没有回来。别的不说那四把扇子我可知道，人家当时拿出来卖了，到和平画店，那时候已经搬到王府井，公私合营了，许先生还是在那儿担任主管，楼上都是接待贵客的，这些客人到上头坐。那个时候经常有"看货的"，不叫"卖的"，北京人好面子，脸皮薄，忌讳这个。这就来了一个人，说："我这有点儿东西您这儿能看看吗？""您请楼上。"为什么上楼呢？这位来卖东西，旁边万一有个熟人就不好意思了。就到上面去，蓝包皮儿打开，里面又打开一层，再打开，四把扇子。那天我父亲在那儿呢，这么一看，这一打开，梅、尚、程、苟四大名旦都齐了！四大名旦的扇画。他们都画得好，不像慈禧太后有人代笔，四大名旦都是亲自画的，那认真极了。大家正看着，后面过来一只手说："逮（哒）！我的了！"大家回头一看是老舍，这就叫"熟人不讲理"，这还没入账呢他就要了。然后再履行程序，账上的收购价怎么样，等等，说我们先入账，您过几天再来拿，您都"逮"了，跑不了。

可惜那160把扇子，全没了，抄走了，不知道在谁的手里呢，真可惜！内中当然也有齐白石老先生的。

徐：据说抄家清单上就是"扇一捆"三个字。

李：我不爱提那十年，文物损失真的太大了。这些东西，要是还在人间，不管在谁那里，哪怕在他重孙子那一辈儿拿出来换一个棺材本儿，买一个骨灰盒也还好，文物也算传世了。如果要是当"四旧"给烧了怎么办？只要是不烧就行，但愿这些东西还在人间。

徐：现在在哪里了您一把都不知道？

李：不知道，抄走了，谁知道在谁手里。"文革"乱，不走账，为什么叫做"混账"呢！仅从白石老人后人家里就抄走了至少200多幅，全是家藏的精品。齐家第二代掌门人齐良迟师叔在"文革"后，也学白石老人，在院里头张贴"告示"，一个大硬木镜框，竖在房檐下头，上书"还我手泽"四个大字，呼吁还给他抄走的老人作品。有什么用啊！没有任何单位理这个事。还有人问我"什么叫'手泽'？"我说："简明地讲，就是白石老人原先留给他后人的书画呀！"现代人的文化水平，有几个知道"手泽"为何意的呢？更没人管"还不还"了！

齐白石、徐悲鸿为李苦禅《扁豆图》题字

释文：（一）鹅鼻山人青藤浪墨。苦禅。（二）旁观叫好者就是白石老人。（三）天趣洋溢，苦禅精品也。辛卯（1951年）春日悲鸿题。

按：此幅画就作于当年的"和平书画店"。

【第十一聊】

女弟子们

说实在的，白石老人的女弟子，没有一个不漂亮的，这也挺重要的，艺术家喜欢美嘛，是不是？再

加上又有才。

徐：白石老人可以说是"桃李满天下"，他的学生太多了。不提白石老人，单提他的学生、他的徒弟，就已经可以组成当代画坛辉煌的群星了。以您父亲为首，李苦禅先生、王雪涛先生、李可染先生、卢光照先生，还有谁来着？我一时忘了，反正好多好多的大画家。那么今天我想聊一个什么问题呢？白石先生的女弟子，我想让您讲讲。因为男弟子，很多画史、画论上都已经提得很多了。但是白石的很多的女弟子被重视得不够。

李：是的。在出版有关白石老人辞典的时候，专门有一栏就是谈他曾经收过的弟子，但是情况不同，可以说有的是登堂入室的弟子，有的是名义上的弟子，还有的是私淑弟子。

徐：私淑弟子就是自个儿偷学的？

李：对了，他并没有直接受到白石老人的指教，而是他非常崇拜白石老人，没有机会见到，间接地来学，有时候也自称"我是白石老人的弟子"，叫"私淑弟子"，私人的"私"，淑女的"淑"。可以讲，基本上白石老人的弟子都是男弟子，当然我父亲李苦禅那是属于他登堂入室的大弟子。

他的女弟子虽然不多，屈指可数，但是都有相当的成就，很值得一提。以往在《政协报》担任大笔杆子的孙炜同志，我们一起也聊过，因为他专门研究白石老人的一些历史，写过不少鲜为人知的这方面的材料。在女弟子方面，他也有所研究，我们都很熟的，所以不免也引用一些他所研究的成果。基本上现在，能够开列出来的大致是这样几位，按照她们的年龄长少排列如下：一位是孙诵昭女士，一位是刘淑度女士，还有一位老舍夫人胡絜青女士，再一位是杨秀珍女士，还有位郭秀仪女士，再一位吴瑞臻女士、新凤霞女士、郁风女士，还有张秀龄这样几位女士，这是我一时想得起来的，有他提到的，也有他没提到的，我就先开这么个人名录。

徐：这都是跟他学过的，不是私淑的？

李：对了，这都是直接受过白石老人的指教，既听过他的言教，也看过白石老人的亲自示范，有人甚至还保存白石老人亲笔为她们画的一些精品，这些精品都是美术史上不可或缺的一些杰作。

徐：那咱们一个一个大概说说。这些您都赶上过吗？您都认识吗？

李：不一定都认识。这里面凡是我认识的、见过的，又能交谈过的，可能我聊得多一些。那没见过的，咱不懂别装懂。

徐：那您最熟悉的是谁呢？

李：我其实最熟悉的白石门下的女弟子，应该是老舍夫人胡絜青女士，再有一位就是新凤霞女士。

徐：新凤霞可是大名鼎鼎。

李：大名鼎鼎，评剧艺术家，评剧新派的创始人。当然她有这样的成就也跟她的丈夫吴祖光有关系。

徐：人家是大笔杆子，能写。

李：大才子。反正你待会儿听得出来，我说得少的就是我知道得少的，凡是我说得多的呢，就是我知道得多的了。

徐：希望您把知道的全都说出来，因为我基本都没听过。

李：反正书上能查到的，你查书去。首先来说岁数最大的，孙诵昭女士，1878年生，1968年去世。她除了行里的人以外，一般外界人不知道这位女士。她的性格好像相当内向，再加上去世过早，作品也不怎么宣传，所以知名度不是很高。但是她不能不算一号，她是比较早入门的。特别是她在建国以后，还能够成为中央文史馆的馆员，那可不容易。

徐：在那个时候就成为文史馆的馆员了？那真是不容易。

李：那时候我们说中央文史馆里的书画家一般是指白石老人和半丁老人，孙诵昭的名字好像大家都不太注意，但是她那时候就能够成为中央文史馆的馆员，是很说明她的历史地位的。中央文史馆是毛主席、周总理让建立的这么一个单位，直到现如今也非常重要，本人也是馆员之一。孙诵昭先生呢，她的作品实在是留下的极少，而且有些画由于没有进入市场，所以在社会影响上就吃亏了。

徐：就是没有卖过。

李：所谓没有进入市场，就是好像市场不认她，这就很麻烦。比如当年曹雪芹为了抒胸中块垒之气，专门画石头，画得还挺好，画完了白送，可是现在见不着一张。如果您要是能拿曹先生一张，我告诉你……

徐：值钱了。

李：值钱是次要的，一夜之间你跟曹雪芹一样出名。但是从胡适之那时候起就研究曹雪芹，就没有人有那个福气。曹雪芹吃亏就因为最后自个儿穷死的，这画一不进市场，一不值钱，那就容易失传。说这画值钱，甭管懂不懂的都知道，呦，这可得留着，这值钱。所以有时候市场也起一定的积极作用，但是不要起制约作用。

孙诵昭女士吃亏在，她的画没有真正进入市场，知道的算知道了，不知道的就永远不知道了。我父亲那一辈绝对都知道。我这是因为受到我父亲的影响知道她，家里头也曾经存过她的画。她毕竟是1968年才故世的，她画的画曾经我家还有过，经过"文革"再找也找不着了，不知道让哪位"造反派"给顺走了。后来再想到拍卖行碰着买回来，也没有。拍卖行也势利眼，一个它不知道的人，就不上拍。

所以对孙诵昭女士，只能谈这么一点，但是就以我的印象来说，她画的画实际上慢慢进入了带有女士风格的小写意。

徐：不是齐先生那种大写意。

李：对了，不是那种风格。下面再谈的这位是刘淑度女士，戊戌变法那一年出生，跟我父亲都是同年生，属犬的。别瞧戊戌那年出生，还真有名人，我们敬爱的周总理是戊戌年出生的，彭德怀元帅是戊戌年出生的，那种动荡的年月好像容易出生这样的人物，这可能是天意吧。她去世在1985年。

徐：那很晚才去世的。

李：我父亲生前曾带着我到刘淑度家里去过。她呢，应该说我可说的多一些。白石老人在篆刻方面，他不愿意收女弟子，因为觉得女子腕力跟不上。白石老人那手腕，都是练木匠练出来的，刻齐派印都不用印床子，左手攥着，右手中指顶着，单刀冲刀法，这么刻。这个一般女子的劲儿跟不上。不像经过"大跃进"的女子，虎背熊腰，厉害。所以齐老先生一般不收刻印的女弟子。但是呢，刘淑度女士特别欣赏齐派篆刻，说了多少回，让我父亲苦禅老人领着入齐门，她不是学画，就是书法篆刻。

徐：她是您父亲领入齐门的？

李：对了。学齐派篆刻必须学齐派篆书，这两者是不可分的。我的国学老师包于轨先生和我父亲意见都是一样的，说"白石老人他的篆书等于拿毛笔当刀子使，在宣纸上刻印"，说他那个印呢，"就等于拿刀子当毛笔使，在石头上写篆书"。所以在他那儿，只要学篆刻，必学齐派篆书。

那么去了之后呢，刻了几回，白石老人觉得"还可以"，这样就开始教了，而且教得还很仔细。仔细在哪儿呢？刘淑度刻印之后，打出印样来，白石老人在旁边还有批语，这不简单，对待她很认真，真是当作门下的书法篆刻弟子来教的。而且后来她自己还出了个小印谱，白石老人还有评语、序言。这个流传是很少很少的。

徐：这位刘先生，在您父亲带您去看望的时候，这是一个怎么样的老人？

李：那时候岁数可大了，老太太就一个人儿，有一位老同志收留她，他那院里房子多，单辟出一个小院来，有那么两间房，向阳的，就住在那地方。生活条件还不错，平常有些弟子帮着她料理一些家务，倒是挺幽静的。

我父亲去看她。两人一见，就跟年轻时候一样，其实都已经什么岁数了。我记得我父亲带我去的时候是85岁，也就是去世前一年。当时刘淑度拿出了一本册页，是我父亲年轻时代给她画的册页。当年刘淑度拿到白石老人那儿一看，白石老人特别感慨，就在上面题了首诗，那就是赞扬我父亲李苦禅的。他说，"苦禅画思出人丛"，就是李苦禅你的绘画思想超过一般人；"淑度风流识此工"，你刘淑度的艺术欣赏眼光，能够识货，真正能够认识到李苦禅这个艺术；"赢得三千同学辈"，就是把我父亲李苦禅比喻成孔子门下三千弟子七十二贤中的头一名，那就是颜回。最后一句收尾是"不闻扬子耻雕虫"，这里有个典故，就是西汉的文学家扬雄曾经说过"雕虫小技，壮夫不为"，他指的就是有的文章属于雕虫小技，过于雕琢，可以讲这个雕琢是狭义的雕琢。后来呢，有的人就是把刻图章也称雕虫小技，当然画草虫更说是雕虫小技。但是白石老人认为，不一定是这样。那么在这首诗里，他用的当然是属于它的贬义，"不闻扬子耻雕虫"，意思就是李苦禅这个不是雕虫小技。当然还有一种解释也可以讲，就是说不管你们说不说雕虫小技，我行我素。

有关"雕虫"啊，白石老人印文里面也曾经提过，对自己的草虫是很满意的。所以在有些典故的使用上，不同的语境它有不同的意思，甚至褒贬的意思都不一样。这个要想仔细请教，您找北大中文系毕业的一位高材生徐德亮问去。

徐：嗨，到我这儿了。其实在过去这是太一般的典故了，念过点儿书的都知道。就是现在的传统文化的环境不比从前了。

李：这份册页当时就交给我父亲了，我父亲一看挺感慨的，在后头也有一番题跋，意思就是多少年前，我画的这么本册页，淑度你还留着这件东西。刘淑度在她临终前写了个遗嘱，现在遗嘱还在我这儿，把这份东西交给我，让我替她保存。因为她好像……我估计她没什么后人，每次接触她好像就是她一人儿，旁边都是她徒弟。

交到我这儿之后，后来我母亲李慧文决定把这件东西捐献给国家，捐

李燕聊齐白石

（左）齐白石为李苦禅花卉册页（刘淑度藏）题诗

释文： 苦禅画思出人丛，淑度风流识此工。赢得三千同学辈，不闻杨子耻雕虫。

　　　　淑度女弟子持此属题，时己巳五月同客旧京，齐璜。

（右）齐白石为李苦禅花卉册页（刘淑度藏）题签

献到中国美术馆，现在这套原作在中国美术馆仓库里存着。他们前些年展览，历代捐献的这些名家作品里头，第一次展览这份册页。但是我跟他们提了个建议，说你们的说明文字牌上，捐献者光写李苦禅家属、我的母亲李慧文，还应该加上刘淑度，这是我们两家的爱国表现。

徐：她这一生是专业画家吗？她是哪儿退休的？

李：她的专业工作还真没打听过，反正我跟她的缘分呢就是书法篆刻。她给我父亲刻过一方印，上面还带印钮。这方印最近我找东西才找着，刻的也是金蝉，就跟白石老人给我父亲刻的那方印，上面也是金蟾一样。三腿金蟾不是发财的意思嘛，又跟我父亲的名字同音，就觉得李苦禅好像老那么穷，弄个金蟾希望他发财似的。

她的印章刻得相当好，谁说好？鲁迅先生说好。鲁迅先生对于金石艺术是有研究的，这个我们不必详谈，你们可以去查阅。鲁迅先生花了相当大的精神研究一些金石拓片。

徐：在写《狂人日记》之前，就是一直在抄古碑嘛。

李：对，抄古碑，抄古碑的过程实际是金石学研究，一个是它的文字内容本身的研究，还有一个就是对金石艺术上面的书法，一些金石味道的研究。鲁迅先生一生由于他所处的境遇，笔名甚多。有时候鲁迅这名字太显眼了，说了些当局不喜欢的话，就可能招事儿，所以他的笔名实在多。鲁迅先生去世之后，有些篆刻家就把鲁迅的笔名全都刻成印出一本，叫做《鲁迅笔名印谱》。不知道历史的人以为这些印鲁迅全用过，其实没那么回事儿，鲁迅有好些笔名根本不刻印。但是，刘淑度给鲁迅刻了两方印，那是鲁迅用过的。一方就是白文"鲁迅"二字，再有一枚是朱文，鲁迅的笔名之一"旅隼"，鲁迅十分喜爱，经常使用。

她的这些篆刻作品，现在有相当一部分是被国家收藏了。

徐：还有文章说刘淑度给鲁迅治的这个印，拿去让白石老人看，老人还给改了一刀，说白石老人跟鲁迅也有"一刀之缘"，这都算民国名人的逸史了。现在存世的鲁迅先生的书法作品里有这些印么？

李：印样都能找到，至于都用在哪里，去找鲁迅纪念馆研究去，在这儿就不好说了。确实是用过的，这个很重要。你说现在刻图章，我也可以刻一方毛主席的图章，但是主席没用过，那就不算为某某人物治印了。能得到鲁迅先生的欣赏和使用，这也说明刘淑度女士的篆刻也是达到相当水平了。

应该引用白石老人赞赏刘淑度的篆刻艺术的话，说明她的技法之高。他的原话是说"门人刘淑度之刻印"，门人就是徒弟了，"初学汉法，常以印拓呈予"，就是常常拿她刻好的印的拓本给我看，"篆法刀工无女儿气"，这个评价很可以的，"取古人之长舍师法之短，属闺阁特殊"，在闺阁之中简直是特殊的表现。

再有一位不能不提的女弟子，郭秀仪。

徐：一般人对这个名字就比较陌生了。

李：之所以现在有些人还能知道郭秀仪女士，是因为头两年拍卖行集中卖出一批郭秀仪家里的东西，都是齐白石老人的精品。而且有些也是像对待胡絜青女士的待遇。郭秀仪画的——有的摹得真像——白石老人再给题字，你要不仔细看内容，那真是白石老人的真迹。而且这里不得不提到，白石老人对于自己的得意弟子，有时候把自己特制的颜料还送给他，所以你从颜料上看有时候就分不清是不是真迹。你像我父亲画这套册页，给刘淑度画的，那颜料就是白石老人的颜料。

为什么说郭秀仪她的画这么多都流出来了？这应该首先提到她的丈夫，是一位很著名的民主人士，黄琪翔先生，原来在国民党时代是个将军，职务相当可以，后来成为爱国民主人士。黄琪翔将军是中国农工民主党的创始人之一，建国初期，人家说他是民主人士中长得最漂亮的。什么叫帅啊？那真是帅！他这位夫人，哎哟，那在当时来讲可是时髦女子。

徐：特别漂亮。

李：长得特别漂亮，有风度。而且当年他们还在国军的时候，穿着一身美国军装，驾着美国大军吉普，开到哪儿士兵都是欢呼、起哄的。他是著名的社会活动家。但是他拥护新中国民主政府，后来就留在北京了。按说对于这样的人士应该好好地保护，但是祸国殃民的"文化大革命"一来，就不讲这一套了，就光揪你那一段。穿着国民党将军服，这玩意儿怎么算呢？历史唯物主义应该全面看问题，不能光看一张照片就定论。江青还穿过国民党军装呢！那"文化大革命"里谁要敢说这句，就得枪毙。所以说"文化大革命"就是一场浩劫，不讲理。

可以讲，郭秀仪女士是一位爱国的民主人士，知名度很高。她也是著名的社会活动家，中国妇女运动的先行者之一，而且还是农工民主党中央名誉副主席，再加上她跟爱国将领黄琪翔先生的夫妻关系，过去在社会上很有影响。他们曾经在抗战时期，发起妇女界和其他各界知名人士，组织妇女抗日救国委员会和中国战时儿童保育会，慰劳抗日的伤员，组织募捐，累计救助难童3万余名。抗战时期，有很多家里的大人都让日本鬼子给炸死了，那孤儿谁管，她曾经救助过3万名。

徐：这积了大德了！

李：而且还慷慨捐献出多年的积蓄，并且长期负担了400多名难童的生活费用。由于这么卓绝的功绩，于1945年郭女士荣获了抗日战争勋章。今年是抗战胜利七十周年，退回七十年前，人家郭秀仪女士就曾经荣获过政府颁给她的抗日战争勋章，那很光荣啊！

解放初期，周总理又接见郭秀仪女士，知道她喜欢白石老人的画，正在跟白石老人学画，他说："你要好好照顾齐老先生啊。"所以她等于接受这么个任务，当然也反映出周总理对白石老人很照顾。这样的话她跟白石老人接触就更多了。

在"文革"中间，她家的东西整个失散了，留得不多，但还是那句俗话："瘦死的骆驼比马大。"东西忒多了，除了抄走了的、没还回来的，剩下那些也不少。就那一次拍卖会专场，出了那么多东西，还出了个画册，有机会大家可以看看郭秀仪女士的艺术成就。

可是这以后，拍卖行又出现好些都是郭秀仪的。

齐白石与黄琪翔、郭秀仪夫妇合影

徐：那就有问题了。

李：有问题，可以讲大部分是假的。还有一部分她的画，从她家丢失以后又流到了海外。前一时期宣传的白石老人的十二条山水，都是六尺条的，那就是她家的。据有关人士统计，这样的画存世的只有两套，一套已经归国家所有了，永远不可能上市场了；只有这一套，不知道怎么流出去的。我前年参加黄埔军校组织的艺术访问团，当时临时封我为团长，我去访问国军退役老将，请他们回忆当年抗战的事情，还受到连战先生接见。在这期间，我听说这十二条当初被一个台湾画商以120万美元卖了，收价不知道多少了，直后悔，正在台湾展览呢。哎哟！我赶着去看，同团的还有一位是白石老人最小的孙女齐慧娟，我们就赶快去。国民党退役的一位将军亲自开着车赶到画廊，去晚了，刚撤，就拿回点儿印刷品，印得还挺小，很遗憾！

但是不久弥补了遗憾，今年说要拍卖，在一个地方展览。就为这个展览我去了，那次好像CCTV的张腾岳也去了，全程也录了音，我讲解这套山水画。

咱们单谈艺术就行了，别跟当时电视上一样，出来一位"专家"让我特失望，他对着齐公这十二条山水画不谈艺术，光谈白石老人的画什么什么价钱。哎哟，这价钱用得着你谈吗？是不是？是个懂市场的人都知道，就不必谈了。白石老人一生，像这样的山水，那实在太少了，跟他有一定感情交往的人才能得到，真不容易，一条不缺，全是精品。

可以讲，在我们所能知道的私人收藏白石老人作品最多的人名单里头，那得属得上黄琪翔跟郭秀仪夫妇。

徐：这十二条屏是他们家出来的？

李：也是他们家出来的，经过"文革"，几经易手。你想，买到台湾去的那主儿，他经手的时候就卖120万美元，那他买的时候不定怎么买的。字画好走私，不像走私金佛，一过去那报警器就"吱吱"响，这纸片子没事。往往走私软片子，把轴子去了，一揣就出去了，好多名家字画都是这么带出去的，所以流到海外的不少。像这一级的是绝对不许带出海关的。但最后拍卖也是没拍成，就不知道里面有什么内幕。咱不管那个了，咱管的是艺术。

可以讲郭秀仪女士，他们家藏的画，无论从质从量来说，都是属头排的。当然还有藏得最多的许麟庐师叔，他这些东西，绝大部分也都到国家那儿去了。他生活困难的时候，就拿一张到美协，不管大小，100块一幅。那时候100块，说起来也不多，但是对于生活比较拮据的许师叔来说，也解决点儿问题。所以美协存的白石老人的画，都是在和平画店里头白石老人当场画的，而且许师叔留的都是精而又精的，大部分也都在国家那里收藏了。反正只要在，就好，特别是国家收藏，那都是千秋万岁的东西。

郭秀仪女士，可以讲她在临摹白石老人的画方面，下了很深的功夫，真是，有的真可以乱真，搭眼一看，"呦，这不是齐老先生的画？"仔细一看，感情是郭秀仪的画。可以讲，在研究白石老人晚年历史的时候，也是绕不开郭秀仪和黄琪翔他们这对夫妇的。

徐：下面该聊谁了？

李：还是根据年龄长幼，该提到的是吴瑞臻女士，她是1915年出生，2003年过世。她的父亲是出身举人，叫吴湘浦，清末人，以诗书名世。她自幼能歌善唱，仪态端庄，曾经被校刊选为校花。在省立师范读书的时候，其绘画才能初露头角。在她的美术老师贾麓云的指导和鼓励下，于1931年考入北平艺术专科学校，就是现在中央美院的前身，受业于李苦禅、侯子步，稍后又同王雪涛在一所中学执教。1940年，在她的老师李苦禅陪同下拜见了齐白石，并成为白石老人的门人。而且磕头那天，白石老人破例留她和家里人共进晚餐，引得给齐府看门的老太监尹春如都觉得很奇怪，因为平常客人好像没这待遇。可见白石老人对这位吴瑞臻女士还是挺器重的。

说实在的，白石老人的女弟子，没有一个不漂亮的，这也挺重要的，艺术家喜欢美嘛，是不是？再加上又有才。但是对于吴瑞臻女士我也只能说这点儿，因为我没和她见过面，这方面我父亲谈得也不多。更重要的是，很可能后来她的作品没有怎么流传。

徐：市场上没见过。

李：没有见过，我根本没见过，一张没有，连照片都没有。这里面需要提到的，她的老师除了我父亲苦禅老人以外，还有一位是侯子步先生。侯子步先生是典型的走倒霉运的优秀画家。他是学西画的，曾经在老艺专他那一届是头一名，画得好，就是运不好，卖不了画，那叫穷。我见过这师叔。穷到什么份儿上？我想给他出点儿书，只有一张照片，还是在合影里头取下来的，那真不是一般的穷。

建国初期，他去世了，连办丧事都没人管了。有时候这人一穷，连家里人都……唉，办丧事花不少钱。当时办这丧事，是我父亲带着一个老学生张仃办的。张仃是我父亲学生辈的，字贯成，老年以焦墨山水著称，前两年过世了，曾担任过中央工艺美院的院长，这个大家都知道，很出名。建国初期，张仃是从延安来的，他有一定的权力，虽然不大，但是能够帮着办丧事，这就不错了，没忘记侯子步也是自己老师辈的一位画家。到现在，您要是想出侯子步画册，办不到，也是吃亏在这儿，这画不值钱，卖不了，所以也没什么人保存它。

我父亲保存了两张，后来他的一个侄女找到我父亲这儿说："您这儿有没有侯子步的画，我想留做纪念。"结果我父亲给她了，后来也没联系，所以现在连侯子步的画也找不着了，那可是当年老艺专西画系头一名啊。

有一回我在学校里面正好碰着张仃院长陪着吴冠中一块儿开会，吴冠中在张仃旁边坐着，我就忽然想起侯子步来了。我说："张仃叔叔……"，我对我父亲老学生都称叔叔，我说："张仃叔叔，您旁边坐的这位吴冠中，是画界少有的，步步高。侯子步先生当年那是老国立艺专西画系第一名啊，我父亲还一直夸奖，说要不是张仃帮忙，侯子步这丧事都没人管，棺材都买不起，更别提什么找人接三，什么杠房讲杠啊，给送到墓地，这些事儿谁管呢？我今儿这话也就冲着张叔叔您讲，我给另一个人讲，都不知道。吴冠中先生，您知道侯子步吗？"他赶紧说："不晓得，不晓得。"他都不知道！咱们顺便说这么一段，大家听听，也算美术史里的一段。

徐：好多这种埋没在历史当中的画家。

李：埋没了，并不是人家没才能。所以关于吴瑞臻女士，我也仅能说这点儿了，再多一点儿也说不了了。剩下三位大名鼎鼎的女弟子，郁风、胡絜青、新凤霞，咱们下回再说。现在其实要说起女弟子，还不止这些，还有的是因为命运不佳，没有人宣传。比如有位张秀龄女士，她可是真正跟白石老人学过画的。

徐：这人是什么时候的人？

李：她那也是我父亲苦禅老人介绍入齐门的。入门以后，她的题材很窄，就是画虾。她画虾画到什么程度？乱真！真是乱真，我这儿还存着她的画。但后来家庭命运不太好，她丈夫过早去世了，就一个儿子，后来还因为忧郁症，自杀了，自己也有点精神恍惚，很让人同情。到老年很落魄，很希望自己能卖点儿画，可是一说张秀龄人家不收，人家不知道是哪一号。就跟侯子步似的，人家不知道是哪一号，就不肯收啊。就来找我父亲，那时候我父亲还健在，就在画上头题"白石女弟子张秀龄所作，苦禅题"。凡是我父亲题字的，人家都收购了，没题字的，都不要。

徐：这是什么时候？80年代？

李：你想想我父亲在世的时候，可不是，70年代末，打倒"四人帮"以后，可以公开收购画的时候。

没题字的，卖不了，到现在我还留着她的画。画得好，命运却不好。哪年出生，哪年去世，我都说不清，不像刚才的我能说出来，有记录。所以我这70多岁的人了，对历史还有记忆的死角，更何况再年轻的人。咱们能想出几位就是几位，以弥补美术史上的一些空白。

总而言之，白石老人的女弟子是不多的，这是肯定的，真是不多的。能够自己画出风格的也是很有限的。

徐：还有一位您没提，就是夏午诒的如夫人姚无双。齐先生说当年她就进步很快，张次溪的书里还说，齐先生很为门下有这么一位天才的女弟子而高兴。

李：唉，反正我是没见过这位天才女弟子的画。夏午诒当年给齐先生那么大的帮助，白石先生说她几句好话，大约也是应该的吧！这样的人情交际话，说的人也是即说即忘，世间太多了，大可不必认真去听。有个年轻人好不容易才找到李可染先生，拿画去请教，然后到我这里来，十分高兴地说："可染先生都夸我的画好了！"我问："他说了几个'好'字？"他说："连说三个'好'呢！"颇感得意。我一听就明白了。我们"二李"两家太熟悉了，可染先生一贯待人接物是谨言慎行的，对不了解底细的"请教者"一概都是徐州口音的"好好好"。"好"便是"了"嘛！如此而已矣！

【第十二聊】

人间竟有这等绝色女子

这新凤霞嫁了吴祖光，那简直是更添一层特殊知名度。他带着新凤霞去的白石老人家，白石老人一

见着新凤霞，当时就愣了，哎呀，人间竟有这等绝色女子！她这美是什么美呢？不是一种雕饰美、造作美。

徐：今天咱们聊白石门下大名鼎鼎的三位女弟子吧，先说郁风女士吧。

李：大名鼎鼎，黄苗子的夫人，生于1916年，去世于2007年。郁风本人也是名门之后，她的叔父可是大名鼎鼎的文学家郁达夫。

徐：谁都知道郁达夫，他最后失踪是个谜，现在也不知道怎么失踪的。

李：她很早就受她父亲和叔父的影响，非常爱好新文艺，早年曾经入北平大学艺术学院和南京中央大学艺术系学习西洋画。建国以后，曾任中国美术家协会书记处书记、常务理事，中国美术展览馆部主任，北京市政协委员，也是中央文史研究馆馆员。

她是共产党员，解放前就是。黄苗子可是国民党高官家的公子，他们的认识很偶然，党组织派她嫁给黄苗子，这是工作的需要。她说我是堂堂的中共党员，让我嫁给一个国民党的官僚，办不到。那不行，你得服从组织安排。当然没给她透底，这黄苗子实际是"通共"的，他利用他国民党高官的身份帮中国共产党做地下工作。

比如有一位共产党员，他是很重要的"地工"人员，不知道怎么暴露线索了，整个地区封锁。首先封锁车站，最重要的是火车站。那时候没有飞机场，不像现在，没有那么多飞机场，没有那么多班机，汽车公路也没有那么多，想远逃就是指着火车，把火车站封了。而这位地下党员工作者恰恰就是坐着火车，而且还是卧铺，安全转移。那时候卧铺定了之后，不像现在四个人一间屋，一个人定，别人谁也不能进来。说中间买票加座，不行。为什么？这是黄先生预定的。哪个黄先生？黄苗子，他们家定的。那谁也不敢干涉，所以这位共产党地下工作者，就是坐着黄苗子安排的列车上的包厢转移的。这仅仅是咱们知道的，当然还有咱们不知道的，咱别编。

这可不是讲演义。这是谁说的？这是黄苗子自己说的，而且郁风也说过，两头对证。总而言之他们俩是这么一对夫妻。

当然建国以后，可以讲他们夫妇在美术界无人不知无人不晓，那真是美术界的活跃分子。只要美协有活动，必有郁风出席，而且还经常有胡絜青出席。她们这两位女士经常陪伴在白石老人左右，好像就跟包公出来就得有王朝、马汉，关公出来就得有关平、周仓，就好像这么个角色了。

那个时候，建国初期，她们什么岁数！高挑个儿，有风度，那是新文化女性，穿着旗袍，那什么劲儿！那劲儿不是学的，也学不来。白石老人一出来，带着他的黑毡帽，长的仙风道骨，龙头拐杖上还挂一小葫芦，底下穿着云头福字履。只可惜那时候照片少，只有偶尔几张照片，这照片本身就是美术品。

还有一个很有意思的笑话，有一次美术界文化界搞一次比较大的、好像是文联组织的新年晚会，联欢晚会。这晚会上，有人就喊："哎哟，齐白石老先生驾到！"好家伙，全场起立。那天我是没在，我那时候小，不配参加，我爸他怕我惹事，不带我。据说那天周总理也到场了，多少名人去了。一会儿，真是白石老人出来了，一边是郁风，一边是胡絜青二位架着入场，两边夹道欢迎，这热烈鼓掌哟。后面还跟着谁呢？我父亲，大弟子李苦禅，还有李可染，这一干人等，王朝、马汉、张龙、赵虎，全跟在后头出来了。据说周总理还上前头问："齐老先生，身体还好吧？"这白石老人说："我好着呢！"哟，怎么这腔儿呢？也不说湖南话？把眼镜一摘，一蹦，敢情是叶浅予装的。

徐：不是齐先生？
李：不是齐先生，叶浅予装的。最厉害的是这个道具和龙套全是真的，谁也不会往假的地方想，你说绝不绝吧！可惜那时候没电视，那要录下来，我告诉你，绝透了。

徐：叶先生装扮的齐先生。
李：所以后来据说那天晚会节目，他得头奖。

徐：那算一节目？

李：那可不，谁能想着这个？还有要不是他谁也装不了那么像，叶浅予他跟这些齐老先生经常"跟包的"人熟透了，老关系了。有这批真的担着一位"齐老先生"，那还有谁怀疑？

徐：叶先生算齐先生徒弟吗？

李：他不是，他是漫画家，他的国画是后补的。他也是美术界和社交界一位活跃人物，那可不是一般的画家，他还有一身份是军统的少将。军统的档案里面写着的，叶浅予，男，多少多少岁，身高中等，肤色偏黑，唇上有小须，眼大，动作滑稽、夸张。这可是军统档案里记的叶浅予，这段我还能背下来。说你怎么能背下来？这档案我看了。你怎么看了？我也不是军统的，反正我找机会看的。他身份挺特别。

徐：他也是当年的"通共分子"？

李：军统中将沈醉后来在劳改期间写了一本书，叫《我所知道的戴笠》，里面提到他在戴笠那里见到了叶浅予。这本书一出，叶浅予特别不安。但究竟是怎么回事儿，现在我也说不清。就是叶浅予先生、黄苗子、郁风等等他们这一群人、这些事情，在"文革"当中折腾挺厉害，好些人都折进去了，这中间历史很复杂。有些事儿，该知道的就知道，不该知道的你就别打听，好奇心给好多人带来不愉快，甚至是不可挽回的损失。咱没这种好奇心，只是咱知道多少就说多少，而且这些东西也解密了。

徐：郁风长得漂亮，画得如何？

李：郁风这位女子可不是一般女子，极有才，画的那画都透着才气。不过这夫妇俩想得通，想得开，不建纪念馆，不建研究会。不像有个别人活着就建研究会，这不合适。你比如说我要建一个"李燕研究会"，我是研究会长，那就是李燕领着大伙儿研究李燕，这是笑话。去世的人建研究会可以，比如曹雪芹研究会。大家研究，这秦可卿是谁，贾宝玉是谁？没什么问题，大家研究。德亮说一观点，我说一观点，咱俩争得不得了，最后莫衷一是，最后的成果就是，你也是红学家，我也是红学家。要是曹雪芹活着您就别研究了，您可以问问："雪芹先生，到底秦可卿是怎么回事儿？"他就告诉你了，到电台一录音，结了，甭研究了。

所以现在有些文化断层造成的可笑事儿，不胜枚举，咱不说了，咱这话头还是说到白石老人门下女弟子。

徐：黄永玉先生写过一篇挺长的回忆白石老人的文章，曾经也提到过很多次他和郁风女士一块儿去白石老人那儿玩、学习等等这些故事。其中还有一个故事，我记得是，当时郁风是拿炭条，给白石老人画了一个速写。白石老人正在画画，她画白石老人。结果白石老人看了以后，也知道，这画画好以后不送给他。然后在旁边很认真地题上了，说郁风这画画得很好，也不送给我，但是我给她题上，以示纪念。大概是这个意思，这个画后来还附在那个书上，很有意思。应该说他们关系非常近。

李：非常近，特别是郁风又担任美协这个职务，所以照顾白石老人也是她的本职工作。可惜她不在了，她要在，凭着她的记性、她的经历，那能写洋洋万言。这是关于郁风女士和她周边的事情，我就谈到这儿。

徐：下一位咱们谈谈老舍先生的夫人胡絜青女士吧。

李：她是1905年出生，2001年过世。我跟她可是接触得比较多。一个是我这岁数赶上了，再一个由于我们二十年前抢救曲艺，我跟我夫人孙燕华拍了一部13集的《胡同古韵》，其中就采访过胡絜青老人家。她是在旗的，满族人。早年间的八旗子弟票友，他们怎么过排，怎么唱单弦八角鼓，这些她都比较熟悉，谈得比较仔细，在什么王府过排，都有谁谁谁的节目，她能够回顾这些历史。而且当时我们还要求，说："胡老您能赏我们一段吗？"她还不好意思。我说不要紧，那就是留一段是一段，现在说起来是听一回少一回。

徐：唱了吗？

李：真唱了，虽然说调拿的不是那么准。这些老人儿，给你留一段是一段。

徐：嗓音、耳音，都不行了，岁数大了。

李：至少它有一种历史沧桑感。我们这两家都属于白石门下，我父亲算是她的师兄，她是我父亲的师妹。她儿子舒乙我们也是交往比较多，现在也是中央文史馆馆员。

跟胡絜青女士接触过程中，肯定离不了谈到老舍先生，他们夫妻俩跟白石老人的关系是相当密切，白石老人对他们夫妇两个也很有感情。白石老人是个性情中人，他对你有感情了，来劲儿了，写得也好，画得也好，还有些精品。不久前在中国美术馆，举办了一次非常难得的展览，就是专门展览老舍、胡絜青夫妇所收藏的画，其中主要是白石老人的画，100多件吧。这里头可以讲，你说我活70多岁，见的我师爷的画够多了吧，但这里面95%以上我头一回看到！那上面题的上款不是老舍的就是他们夫妻俩的，再一看画那么精，那绝对是真迹，而且是绝品。为什么说是精品？就是这样的稿子，就这么一张，不像他画的虾似的，有的是，能找几百张。给老舍先生和胡絜青女士画的画，往往是只此一张，比如说《蛙声十里出山泉》等等。

可以讲，在研究白石老人晚年历史的过程中间，不能不提到胡絜青跟老舍他们二位。当然老舍先生不画画，胡絜青女士那可是真下功夫，真是当回事儿干。就跟你德亮画画一样，当回事儿干，不是瞎画着玩。

徐：我也是那次展览才看见胡絜青女士的画，之前呢我知道她是北京画院的画师，我当时还在想，是不是就是因为她是老舍的夫人，所以才能进北京画院。但是后来我一看她这个画的水平，确实是高。而且我记得白石老人有一张还给她题上了"胡絜青的水平可以造我的假"这样的字，这是非常非常高的赞扬了。尤其是画工细草虫，我看到好几张，一看以为是白石老人的，结果再一看是胡絜青先生画的，还有好多都是她画的，白石先生给她题的字。

李：胡絜青女士画的画，白石老人在上头题评语，这相当宝贵。一般老师对弟子觉得是很有培养前景，他才这么下功夫题，如果"朽木不可雕也"，那就不费这劲儿了。

可以讲在外面市场上流通的画中，有时候我也能看到有白石老人为胡絜

齐白石
蛙声十里出山泉
91 岁
127.5cm×33cm

青女士画的，我怀疑是"文革"抄家的时候，不定哪位造反派给顺走了卖的。

徐：人家家里不可能卖。

李：绝对不会，老舍先生和胡絜青夫妇绝对不会卖白石老人的画，他们奉为至宝。而且老舍先生有一个习惯，开家庭画展。

徐：怎么叫开家庭画展？

李：就是今天一些朋友来了，我给大家挂几张，选几张。家里地方也不大，不像现在的画家，住那豪宅，都好几千平米，能停好几辆奔驰。老舍先生的故居不大，室雅不在大，但是藏品精。比如今天拿出白石老人的四条屏，他点题画的，今天就欣赏这四条儿。老舍先生当讲解员，这讲解员你哪儿找去？另外，这观众都是什么人呢？跟老舍能成朋友的观众，都是什么层次的人物？也只有这样的人物来，他才亮宝。下回又来了，又换了一批展出。老舍先生有这习惯，家里头搞临时画展。

徐：其实也有点儿显摆的意思。

李：哈哈！是有点儿显摆，文人嘛。

徐：他们说当年开"文代会"，老舍先生上午一把扇子，下午一把扇子。

李：哎呀你说起扇子，一提，我就犯心疼病。老舍先生爱收藏扇子，且不说扇子的讲究，咱讲扇骨、扇坠、扇囊、扇匣，这都是附属品，关键您那扇面够什么层次，他的扇面那都是名家的，忒厉害了。

白石老人给他家画的扇面特多。白石老人很能驾驭熟纸的扇面。到现在我都不接扇面，我驾驭不了。哎哟，白石老人给他家画的扇面可不少，偶尔有拍卖行出来的，不知道是哪位抄家销赃出来的。现在拍卖行销赃最容易了，替两头保密，谁买的谁卖的都保密。我在那里见过。反正在我印象里，白石老人画的扇面真是张张好。我问舒乙，我说这些扇面哪儿去了？"没了，'文革'抄走了，没回来。"咱们一块儿到美术馆看的那部分，那些属于劫后余存，"饿瘦的骆驼比马大"，还那么多呢！

这就是咱们说的胡絜青女士，她跟白石老人之间，徒弟和师父之间的关系，可以讲是相当之密切。而且正赶上白石老人晚年变法，越画越高的那个年代，这不得了，这真是沾大光了。所以可以说研究白石老人，你绕不过胡絜青女士，当然也绕不过老舍先生。

　　所以关于胡絜青女士和白石老人的关系，可以说她是白石门下的一位著名弟子。

　　徐：咱们接着再往下谈，新凤霞女士。

　　李：新凤霞女士，她生于1927年，卒于1998年。新凤霞女士大家都知道，那是评剧界鼎鼎有名的新派评剧创始人。她所达到的艺术高度，可以这么讲，到目前为止，在评剧界没有人能超过她。我认为，在我能记事儿以后见到的，能够代表中国女性的，无论从形象到气质到人格到才艺，都能够堪称是中国女性代表的，头一位那就是新凤霞女士。我小时候见过她。

　　再往下就是香港著名的电影明星，现在还在世的夏梦女士。头年我们到上海去，跟她见了一面，就是祝贺她的艺术生涯大概是六十年。那真是，一种很纯洁的美，从不张扬，一丁点儿花边新闻没有，也不接受记者的什么采访，低调极了。我们在那儿看了一出戏，马玉琪先生演的《梅玉配》，在上海天蟾剧场。一听她到场了，全场热烈鼓掌。她现在一点儿都不显眼，当然上岁数了，戴了一副茶晶墨镜，但是当年真美。这是我能说的第二位。

　　为什么我说新凤霞女士第一，从模样到气质都这么美？白石老人头一次见到她是因为吴祖光，他儿子叫吴欢，无处不欢，白石老人给起的名。吴祖光是个活跃分子，没有哪儿没有吴祖光的足迹，任何一个时代转折点和政治风潮中间，要没有吴祖光出现，那都是奇迹了。吴祖光这个人简直是，他不找是非，是非也来找他，而且还是大是非，很有意思。这新凤霞嫁了吴祖光，那简直是更添一层特殊知名度。

　　他带着新凤霞去的白石老人家，白石老人一见着新凤霞，当时就愣了，哎呀，人间竟有这等绝色女子！

　　她这美是什么美呢？不是一种雕饰美、造作美。她演刘巧儿，那简直是家喻户晓，那在北京的胡同里面，哎哟，那简直是太受欢迎了！这段宣

新凤霞

传新婚姻法的戏说起来，是现在习主席的父亲习仲勋，他们当初建立革命根据地，宣传共产党的新婚姻政策、新婚姻法的时候，发现有那么一个例子，就把它编成戏了，这就是《刘巧儿》的前身。为这事儿，"文化大革命"里面，习仲勋同志挨冲击了，新凤霞也受了番罪，这后话咱且不表。

当时演刘巧儿，新中国自由恋爱，新婚姻法，可以说家喻户晓，那绝对跟她的艺术大有关系。那时谁都会唱："巧儿我自幼许配赵家。"你这边唱一句，那边不定谁隔着墙又搭一句："我和柱儿不认识我怎能嫁他呀。"那时候北京没汽车，挺安静的，满胡同都唱起来了，"那一天劳模会上，我看上了人一个呀"，那边耍贫嘴，"那一次劳模会上，我看上了七八个呀"，就是耍贫嘴，可见影响多大。

她不化妆，那就是一种朴素美。头回到我们家，进里屋，我一见了她，哎哟，满身放光啊，就那种感觉，那真是过去讲的"名人者，行则有声，动则有光者也"。什么叫有光？带着气场来的，闪闪发亮来着，其实就是便装，但那气质实在是太美了。好在现在还留有她的片子。

徐：说是白石老人第一次看见她就目不转睛地看，旁边人提醒说，您别这么看人家，白石老人还不高兴了。说我就是爱看她，她美。

李：艺术家对美当然非常敏感。那么她就要拜师，可是那时候白石老人岁数已经很大了，也不收弟子了，所以在女弟子里头，可以说新凤霞女士是一位关门女弟子。她到那儿去学画的时候，只能看白石老人画画，说怎么给她讲，就很难了。

不过说能看就不容易了。你现在问谁见过白石老人画画，我知道的就是萧润德见过，萧长华先生的长孙，他那会儿学齐派，他赶上了见着齐老画画。现在我知道的，有人号称"得白石老人真传"，唉，也就是宣传，你查查户口本，你赶上没有？就算赶上也不一定能见着他画。白石老人97岁去世，我14岁，我倒赶上了，但是我没有在画案的旁边得白石老人直传，是不是？我还是徒孙，这个不能论辈儿。把自己的辈儿往大了去说？真的有些太不实事求是了。

新凤霞女士很荣幸，她赶上能够亲眼看，观摩白石老人画画。谁具体教她呢？她就得益于周围这些师兄们，比如说我父亲苦禅老人。我父亲跟吴祖光两人是好朋友，所以新凤霞称我父亲叫"苦禅二哥"，我父亲称她挺亲切的，"凤霞"。她特客气，因为新凤霞过去学艺都是苦出身的，过去卖艺，那真是难。有时候演节目演得不好，不给钱就得了，还挨打。演那个堂会，真是有恶霸，一个女孩子，愣给她提了起来，提起脚来揣，她直捂着脸，说好歹别把我脸给踢坏了，我还能做艺，你说要是把脸踢坏了，我还能演戏吗？穷得很，没文化，纯粹是吴祖光当家庭教师教她认字，那吴祖光就是刘巧儿的赵振华，他教给她的文化。所以她特虚心，画画也是，逮着谁跟谁请教。

新凤霞特别客气，经常说："二哥，你瞧我这画行吗？我还能画下去吗？"她有时候缺乏点儿信心。后来我父亲就鼓励她，说："你一定要画，你人长得就美，你那画画出来肯定就美。而且你是唱青衣的角儿，所以你画画肯定有青衣的美，我还得向你学习。"新凤霞说："你向我学习干嘛？""我是唱武生的，武生、武花脸，我画出来的画有点儿硬，我还得学学凤霞你的画。"当然这里面有开玩笑的成分，但主要是鼓励凤霞你一定要有信心，一定要画，别自卑，别觉得自己没什么底子就不学了。她就是一直不停地画。他们真是关系挺密切的。

新凤霞对我父亲印象也挺好，她说："其实我第一回见到苦禅二哥，我没以为他是画家，我以为也是梨园行的，他的风度、长相、个头，那是大武生，扮出来就是大武生，还净爱谈戏，净说戏的事儿。"对我父亲的初次印象就是这样。

徐：您家里藏有新凤霞的画么？

李：很荣幸，她也给我母亲画了画，我母亲现在收藏在故居里。可故居里我们家挂的名人字画都是仿真复制的，没真的，挂真的要是有贼怎么办？防人之心不可无，我们家现在挂着的那些白石老人的、我父亲的、新凤霞的真迹，全都收走了，收到画库，保密。

徐：您最初看到新凤霞，是什么时候？

李：那时候我才多大，我还是少先队员呢，十几岁。

徐：那时候已经能够欣赏新凤霞的美了？

李：哎哟，人欣赏美是一种天性。

徐：您看过新女士她画画吗？

李：我看过，尤其晚年她特别爱画，画完了就送人。吴祖光给她题字，她不敢题，她老觉得自己的字拿不出去，所以她的画往往是夫妻合作。

徐：是不是因为原来光练画了，没怎么练字？

李：也练了，但毕竟没有像你德亮这样，练很多年颜体、赵体什么的，她没怎么练。

徐：那我们现在看得见的，比如说是白石老人给新凤霞改的画，或者是有新凤霞上款的白石老人的作品，或者是白石老人题新凤霞的画，这个有吗？

李：应该有的，但是我本人没见着。她老年为什么净画画，还写书回忆她的一生，就是因为在"文化大革命"里受冲击很厉害。有的"造反派"专打她的腿，把腿给打伤，残废了，没法儿再上台了。打她的人到现在也没出来道歉。

对新凤霞女士我说她人格极其高尚，高尚在哪儿呢？"反右"扩大化，把吴祖光也卷进去了。没告诉你吗，所有的政治运动要是没把吴祖光卷进去，那反而成奇迹了，你查查历史就知道了。包括抗战胜利后毛主席飞赴重庆谈判那时候，人家开玩笑，说那时候知名度第一是毛泽东，第二是蒋介石，第三就是吴祖光，他愣把毛主席那个《沁园春》，"北国风光，千里冰峰，万里雪飘"给公布到报上了，好家伙，整个山城震动了。后来惊动了蒋介石，找了一批文人，一定要填一首词，把毛泽东这首词的影响盖过去，最后这帮人赶快写，写了一堆拿到老蒋那儿去。毕竟老蒋也是有文化的人，人家不光是军人，看了半天，没有一首能跟毛泽东对垒的，评价是什么？"简直都是坟墓里头掘出来的"，可见都是老朽之气，没那气魄。说实在的，毛主席诗词那么多首，气魄最大的就是这首，那是吴祖光当时给捅出来的。

反正每回这些大的政治节点上，都有"吴祖光"仨字，行不更名坐不改姓。1957年"反右"扩大化，又把他揪出来了，发到北大荒去了。当时文化部有个副部长，特意把新凤霞招到文化部去，跟她谈话，说吴祖光作为右派分子，是人民的敌人，现在你需要跟他划清政治界限，最好的方式是跟他离婚。她说："我不能离。""那你的思想太落后了，你必须跟他离。""我不能离，我就等他。""新凤霞，你想等他到什么时候？你知道他什么时候回来？他要回不来怎么办？""我不管。当年王宝钏在寒窑待了十几年，等着薛平贵回来，吴祖光不管去多少年，我也得等他，我也学习王宝钏。"可见传统戏曲对于中国人的教育意义，是不是？结果气得文化部这位副部长拍桌子了。在那年头，要是副部长拍桌子，那了不得。吓得新凤霞捂着脸大哭，吓跑了，跑回家去，就愣不离婚！哎呀，这一件事儿，马上大家都知道了。这要是换个人，说新凤霞长那么漂亮，离婚再找，你甭找，人家还追你呢，那是多少人心目中的偶像。新凤霞就是坚决等丈夫回来。所以他们夫妻之间这个关系，可以讲是值得传颂的。

正因为新凤霞她的形象、气质、才能、品德各个方面都得到白石老人的欣赏，所以他在晚年才收了这么一位关门女弟子。

在新凤霞晚年的时候，她由于腿伤了不能出去，大家也都知道她跟白石老人学过画，所以有好多人跟她求画。她画画还不要钱，哎哟，画不过来，"画债"累累。画完了吴祖光给她题字，盖章。我母亲也得到两张。

徐：水平如何呢？

李：可以这么说，在业余画画的里面，还是不错的。这里还有个考虑，看画如看其人，是不是？一想起新凤霞来，就觉得这个画后头有这么一位我心目中非常美的中华女子的典型形象。

徐：说现在的词就是"女神"。

李：真是女神。中华美学的最高的美就是朴素美，庄子讲"朴素而天下莫能与之争美"，这就厉害了。"若将西湖比西子，淡妆浓抹总相宜"，西施当年为了打间谍战，浓妆艳抹迷惑吴王，那时候美，不美怎么能把吴王的魂都勾走了。等后来完成间谍任务了，越王勾践复国了，范蠡一看，这小子，只能够共患难，待时间长了咱没好戏，咱俩趁早远走高飞吧！那时候肯定就不化妆了，是不是？那也美。那不美，范蠡也看不上。后来范蠡改名陶朱公，做买卖。据说到了渤海，一看这么多沙滩，都给改造成盐田了，调动旁边的难民、穷人都捞海盐，那盐就是钱，就致富了，致富之后把钱都分给大家，他这么积德。所以现在做买卖的供祖师爷叫陶朱公，这就另说一段了。

就这么说吧，由新凤霞咱们想起来西施，"淡妆浓抹总相宜"，化了妆美，不化妆更美。我有幸看到她的便装，一种不矫揉造作之美。现在电视上天天都有的美人，一洗脸可就变成另一个人了。

徐：有一次大型录像，我去得早，一堆女艺人女主持人，来的时候，在个大化妆间，我谁也不认识，过了一个小时，化妆都化到一半了，发现基本都认识，有几个还是熟人。这段我还发微博上了，好多人都笑着说太损了，其实这是真事。还有网友给我回复，其他人也发过类似的微博。可见这种现象是普遍现象。

李：咱不贬人家，人各有各的活头儿，对吧？

【第十三聊】

待我杀了你吧！

『待我杀了你吧！』就是太好了，我嫉妒得很，我把你杀了吧！过去往往藏友之间也很风趣，就是特别羡慕的意思。

徐：白石先生有些画是题着您父亲苦禅先生的上款的，有些画是和您父亲合作的，这都是在什么情况下创作的呢，有什么故事没有？

李：白石老人在建国后，有的时候去和平画店画画。有一天好兴致，画了一张荷花，不知怎么还画了一个倒影。这过去中国画没这个，西画有倒影，而且这个倒影还不尽然合理，不管怎么着吧，就是个倒影。上头的花用的是很浓重的洋红，底下的倒影是浅洋红。画完之后，我父亲苦禅老人和师叔许麟庐，满脸露出一种"贪欲"，哈哈！

白石老师特别喜欢这两位徒弟，看出来了。他这张画完了还不题字，顺手又画一张红荷，这红荷在画面上方，还掉了一个花瓣，掉水里了，一群蝌蚪拿头顶着这个花瓣咕噜咕噜往前游。

哎，这两稿子可以讲，白石老人这辈子不管画了多少荷花，几千张、上万张，这稿子就一张，荷花带倒影的一张，蝌蚪顶着荷花瓣往前跑的一张。两张还都没题字。这白石老人你别看那么大岁数，还很有幽默感，卖关子，说："这两张啊，你们俩人一人拿一张去。"送给俩徒弟了。

徐：那谁要哪个呀？

李：是啊，谁要哪个？这都好啊！谁能说"这俩全赏我吧"？这太过分了。白石老人撕两块宣纸角，就是画的不得意的宣纸角，写上阄儿，拿手那么随便一团，俩手团，让你看不出记号来。老爷子有意思极了，往那儿一扔，抓，谁抓啥是啥。

最后呢，许麟庐师叔抓的是带倒影的荷花，我父亲抓的就是蝌蚪顶着荷花瓣往前跑这张。抓完了才题字，上面题的字的内容完全一样，就是上款的次序不一样，意思就是说：苦禅得此，缘也，若问此中缘由，问苦禅、麟庐二人便知，白石。盖一个章，"木人"，就是木匠出身的人。那个也是这内容：麟庐弟得此，缘也，若问此中缘由，问麟庐、苦禅二人便知。这两张画如今都在。

徐：就是您父亲这张是在您家？许先生那张还在许先生家？艺坛佳话呀！

李：对，这个事后来传出去了，美谈呀！不知道多少人来都奔着这两张画要买，俩人绝对不卖，这是老师的一种恩情。而且从这一段佳话中，我们能感觉得出来，您这画大写意，始终得保持一种赤子之心。这纯粹是三个顽童啊！老顽童加两个少顽童。是这种心态下，这才能画写意。如果您老谋深算，巧言令色……

徐：画的画也都特别地装扮。

李：善于机辩，逢场作戏，老于世故？这就别画写意了。我觉得这一段很能显示出来白石老人他非常珍贵的一个方面。是什么？他到老了他还有这个童心，他就能开这种高雅的玩笑。我父亲回忆说老爷子特聪明，他不是叠的阄儿，叠的阄儿容易看出来有什么记号似的。当着面，齐老先生把那阄儿啊一团，手里哗哗一摇，俩手攥着，还这么揉搓揉搓，啪！一块扔，然后你们抓。尤其他特意空着画面那个题字的空儿，他不题，等你们抓完再题，他就知道送谁；要哪张你们也举棋不定，抓完我再题吧！妙就妙在这儿。

徐：这画是多大的画？

李：也就四尺三开。因为白石老师这字题的内容，我现在活72了，问我的人绝对不下于72次，画上说"只有问麟庐、苦禅二人便知"，那是什么事啊？只有问你了。

徐：我在您家还看过一张画，挂在您家的大厅里边，也是您父亲跟许先生与齐老先生合作的这么一张。您父亲画的是水鸟，许先生画的是荷花是吧？

李：对对，白石老人题的字。

李燕聊齐白石

苦禅仰傳出僧也
九十二歲白石盡苦尚
昌碩缘坡吴有苦禅
麟廬二人便知白石

齐白石
红荷蝌蚪
92 岁
77cm × 42cm

徐：这个是怎么个缘由？

李：这张画呀也很宝贵，这也是当年在和平书画店楼上画的。

徐：这张可不小。

李：哎，那张画不小，够六尺整纸，纸也是一张好纸。齐老先生来啊，那许师叔都拿出好纸来。好宣纸画家都很珍重，很难得的手工做的，它总有质量的差距，不是机制的，有的好些，而且放久了更出好效果。

齐老先生还没来的时候，两人就在那儿高兴地画着呢！我父亲画的是鱼鹰在水里头游，因为我父亲是第一个把这鱼鹰移植到大写意题材里头来的。移来之后得去请教白石老人啊，一进白石画屋，白石老人也画鱼鹰呢！所以白石老人很感慨，这不谋而合啊！师徒想到一块儿了。不过白石翁画的是山水中的群鱼鹰，我父亲画的是花鸟画的鱼鹰。那是过去发生的事情了，那么现在呢，许麟庐先生也让我父亲："二哥，你给画几只鱼鹰子啊"，我父亲画啦，画得还特精，许先生也来劲了，噌噌噌噌噌画的白荷、石头，也画得特好。刚画完，楼下人说："白石老人来了。"二人把毛笔一扔，赶快下去，把老人家迎上楼来。

白石老人到这儿一看这画，挺好。过去有个不成文的规矩，徒弟有成绩了得让老师给判卷子，比如打个钩啊、画个圈啊，或者写个评语呀。白石老人就题上字，老师一过目题字，就是老师欣然通过了弟子的成绩。这张画于是就留下他们师徒三人的笔迹，或者说墨迹，有我父亲的题款儿，有许麟庐师叔的题款儿，重要的是白石老人在上头题的"已见过"，用的印泥可都是一种白石老人亲自制的印泥。

徐：那和平画店怎么会有白石老人的印泥呢？还是说白石老人回家后盖的？

李：不是，白石老人出来画画除了带笔，他有时候把这印泥都带出来。而且许麟庐先生和我父亲还都有白石老师送的印泥，后来经过那些灾难都丢了。

徐：这张画确实好，每次我上您家来我都仔细研究半天。那鱼鹰画的还是那种提炼笔墨的画法，但是从这张画上面还能看出羽毛的走向，整个笔墨的变化，我觉得比画册上其他的都好。那个白荷也是就那么几笔，那种内在的精神，绝了。而且白石老人他那题字也是，他怎么就在那么块儿地方题！而且题完这构图还是那么好的？好像现在看来，把这字盖上这画都不完整了。

李：对了，实际上白石老人题字本身等于也是给你纠正章法，因为毕竟这画右方啊分量太重了，左边虽然你们徒弟两人都题着自己的款儿，盖着印呢，但毕竟分量还轻，所以他题了一溜儿字，这样就压住了。

徐：他题字的地方都那么绝，把这字盖上就觉得那张画差点儿。

李：对啦，就有点散，是吧？其实在那时候啊，合作的画还真不少，可惜呢就是经过这些劫难，存世就太少了。这张画很侥幸地不知谁拿到拍卖行卖了，我不能出面买呀，我这出面麻烦了。

徐：人都知道准是真的了。

李：准是真的，抢的人一多我就买不起了，我就让别人代我举手。要说当时，买这画要说是捞宝，还真捞着了，花了好像是9万块钱。

徐：这是哪年呀？

李：这应该说是退回去多少年呢？退回去大概有十三年吧。

徐：2000年左右。

李：退回十三年，"非典"前吧。

徐：也就2003年。

李：哎，那时候。

徐：那也太便宜了。

李：我托一位朋友，一位企业家朋友帮我办这事，他拍下来马上就能

齐白石、李苦禅、许麟庐合作　荷塘鱼鹰　95cm×178.3cm

237

刷卡呀，我现在都没卡，有卡我也不会刷。而且好在，这个朋友他不跟我要钱，跟我要画，他喜欢我的画。我这画那是自己产的，自己画的，举手之劳，那我当然愿意了。当然咱不能就画一张画，那哪能比得了？我就多画几张。反正这几年我用自己的画还真换回点儿东西来。

徐：最近，也是跟您学画的，我们说相声的甄齐，也拣了一个漏儿。那天也是一个拍卖行拍卖我的画，我也在现场，躲一旮旯儿里看着呢。结果他也去了，一看我在那儿呢，就说："哥您看我这个。"拿出手机来给我一看照片，是李苦禅先生的一个扇面，画得还很精细，而且那东西大开门，我一看就是真的。一个紫色的鸢尾花，题的字还不少，不是穷款，还有竹子，那么一个扇面。他是在哪儿买的我忘了，人家倒库底儿，便宜卖给他了，大概几万块钱，太便宜了。

李：他这张画后来我一鉴定是真的，哎哟他高兴的，脸上都乐出花了。

徐：我没好意思说"我加一手你卖给我吧"，没好意思说这个。因为这确实是一个是缘分，那个扇面确实也精，太精了！

李：他为什么5万块钱就拿下来了？我父亲呀存世扇面甚少，而且那种风格呀，就是那个时代的风格。抗战时期他不是参加地下工作吗，为了筹集资金，人家定扇面他就画，老定扇面，扇面还不好画，我父亲不得不画，赶快画画卖钱，因为地下工作缺钱，经费自筹啊！

有一次人家订活儿，是100个扇面，他说那时候也就仗着身子骨好，三天画完，就睡了一晚上觉，还不是八小时。可是画完之后画伤了，再也不想画扇面了。你想找解放以后画的扇面，除非是拿宣纸裁成扇面形在上头画，成扇不画，画伤了手了。

再加上抗战岁月，烽火连年，那时候的扇面留下就很少。所以他这张在某家画店挂了也不知道多长时间，没人认为这是真迹。

徐：那个我一看就觉得是真的，而且那字就是苦老当年那种字。苦老当年还是二王的东西多，那跟后来研究北碑，晚年题的字风格不一样，还是很

李
燕
聊
齐
白
石

238

李苦禅　紫鸢扇面　51cm×16.5cm

秀丽很帅气那种字。

李：因为你练书法有一定功底了，所以你看那画是真的。但是现在好些人看我父亲的画，他老改不了一个什么成见呢？他老拿他老年以后成熟期的风格来断真假，那不行啊。你和我合影，你告诉我这是你和李燕，人家说了，不对，李燕是黑头发，这人是白头发。这么鉴定不行啊。那你让我照一张大学毕业那时候那样子，我照不出来，打死也照不出来。他们就光认这个。

所以现在造假画的，一般造我父亲的画就造他老年的画、晚年的画，早年的画造出来人也不认，何必呢？费半天劲儿，还卖不了钱。不是绝对没有啊，有，但是少，而且确实没市场。

徐：市场价扇面应该说顶两平尺，苦禅老人的画现在怎么也得二三十万一平尺，他这5万块钱等于买两平尺，而且拿回来您还在绫子边上给题了好多跋，就您题的那些跋也值钱了。

李：拿来之后我给题鉴定嘛。这幅扇面是全绫挖裱的，裱得还挺讲究。

徐：他那裱是老裱？

李：也很有年头了，这得裁出来跟它一样的一个扇面形，卧进去，这样裱好之后摸上去是平的。这裱功比较难，扇面是一个曲线的，有时候你稍微对不准人家就退活儿。那张裱得还不错。我就在底下跋了，咱别字大了，别像现在有人题的"此乃傅抱石大师之精品也"，好家伙，一个字都成四分之一豆腐干了，您是皇上啊？题跋别伤那个画，我题很小的字，底下题了一溜儿，印章也很小。

徐：题这么多跋您这也下了心了。

李：也有我的假跋，多题点儿不太好造假。还盖上我这小图章，这图章比中国人民银行行长的章还小，专门是象牙筷子头刻的，由齐白石老弟子孙竹给我刻的，这老先生已经去世了。他的印刻得很精，边款还有微雕小字一大篇。

甄齐挺得意，我说你拿来这张画正合适，我赶快把他送到人美社去，人民美术出版社现在正出版我父亲的全集呢，特别缺早年作品，这张马上就补上去了。

徐：所以说这都是缘分。

李：前几天我刚到人美社去看，按年份出，先出前面年份的两集，让我整个过一下眼。这张画已经上了，真寸，晚点儿还麻烦了。

徐：排不上版啦。

李：出我父亲全集是国家行为，专家评委会全票通过，由国家出版署立项，由最好的美术作品的出版社人民美术出版社出的，一旦出来那就是千秋鉴定书啊，是当代《石渠宝笈》，是吧？

徐：真是，当时我就特想说"我给你加一半，10万块钱给我"，始终我就没说出这话来，因为我知道他肯定不卖。

李：我告诉你，过去这收藏的主儿一见面往往说出些很有意思的话，

李燕聊齐白石

这是一种善意的嫉妒吧。我的老师包于轨先生就用这类语言,有一回人家拿了一件什么宝贝给他看,让他鉴定,他鉴定那眼力厉害。他鉴定完了不说话,人家问:"包老您说句话,我这玩意怎么样啊?"你猜包老师说句什么话?他比画了一个举剑而刺的姿势,用京剧的念白说:"待我杀了你吧!"哈哈哈哈哈!

徐:都上了韵了,这都是戏词。

李:"待我杀了你吧!"就是太好了,我嫉妒得很,我把你杀了吧!过去往往藏友之间也很风趣,就是特别羡慕的意思。甄齐得了这件东西以后,经我这么一跋,哎哟,他高兴得不得了!我说你好好地收着啊,别臭显摆去,我给你用高仿真复制做两份。

徐:家里挂这别挂真的,留神徐德亮。

李:哎,家里挂一份复制的,"不怕贼偷,就怕贼惦记"呀。所以再说回到白石老人,现在鉴定白石老人的画也千万要注意,要研究他不同时期的画风,不要以晚年的画风为标准来鉴定他中老年的作品。

徐:我爱猫,也常常画猫。我看白石老人的老照片,他这个案子上也有小猫,他在那儿画,他那小猫在那儿探着脑袋看。但是白石老人这一辈子好像画猫画得不多,也有,但是真不多。

李:对了,咱们这么说,白石老人虽然是我师爷,但他画走兽不是他最长项,除非是买画的点题,画得很少。但正因为少,显得很珍贵。这里头有的他有体会的动物,就画得更好一些。一到他笔底下,这个走兽就产生他的特殊意象。有时候也不像,但是挺好玩、挺人格化的。

比如说你爱养猫画猫,家里这一堆猫,画猫画得有点儿意思了。白石老人他看到猫也画,他画的猫就是他体会的那个猫。比如说他有这么一张,他挺喜欢这稿子,现在传世这稿子至少有三件,本人就有一件。就是这个猫要逮耗子,耗子在哪呢?在那个插油灯的杆儿上头。湖南有一种油灯,底下跟个鸟签子似的,插在地上——这湖南农村的地,屋里也是土的,他没

徐德亮　猫

钱青砖墁地——插在那儿，这个杆儿上呢，直角伸出来，挂一个油灯。这有什么好处？一个是高，照明，再一个老鼠不太容易爬上去。但是老鼠有机灵的，它爬上去了，让白石老人看见了。这猫它能爬树，不能爬杆儿，杆儿太细了，就在下边看着，无可奈何。

白石老人还题了首诗，也挺风趣的，意思是你别偷我的油，我家都穷成这样了你还偷我的油，是不是？这猫挺无奈地在底下。他画这猫就简直是人，或者就是他自己，无奈。这同一稿子的有三件。

徐：都是这个稿子？

李：都是这个稿子。白石老师得意的稿子，他就连着画，也不乏周围有朋友喜欢，要求"照着这个稿子再给我来一张"。

徐：我还看见过他画的十二属相，还有老虎，他观察不到老虎啊。

李：这么说吧，虽然是我的师爷，但是我们不要为尊者讳。可以说，我师爷那个虎是"照猫画虎"。在季羡林季老先生家里我有眼福了，季老说："你见过齐白石画的虎吗？"我说："真的没有看过。"他说："我给你看看。"季老家存的东西可了不得，拿出一个大中堂。那只虎，整一个大肥猫，上面是虎纹，特别地有趣，跟任何人画的虎都不同，可惜我没留张照片。

画，往往要画一个趣味。苦禅老人常说："有人画一辈子的画，最后就落四个字：没有趣味。这就不行了，就像有的唱戏的，唱念做打都没错，既没荒腔走板，也没

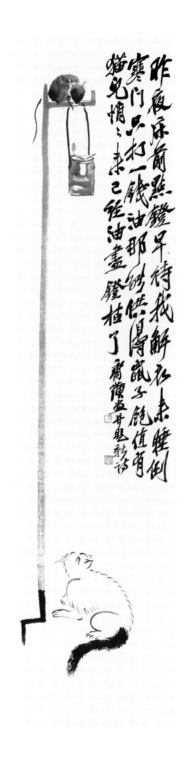

> 齐白石　鼠猫图　135cm×33cm

释文：昨夜床前点灯早，待我解衣未睡倒。
　　　寒门只打一钱油，哪能供得鼠子饱？
　　　值有猫儿悄悄来，已经油尽灯枯了。
　　　齐璜画并题新诗。

洒汤漏水，最后就是'没戏'。人家买票看的是戏，不是听背词。"白石老人画的虎可惜我没有照下来，现在不知道在谁的手里。这肯定是点题的，就是买家点着画的。那上面还有艾草，《艾虎图》嘛！过节的时候挂着图一个吉利，说不好那个黄颜色里面还掺雄黄了。

徐：过端午的时候画的。

李：对，雄黄也是一种颜料，但是水不好解开，须研成粉加胶水用，当石色用。这里又可以透一个秘方，就是拿酒溶开，有一种特殊的黄颜色的效果。而且一上那个颜色，这画不招虫了，这个虫一闻着雄黄就跟人闻着敌敌畏似的躲了。那个是我当时见到最大的一张白石翁画虎。这肯定是人点题，他又靠卖画为生，不得不画。这确实不是白石老人写生真的老虎，那时候去一趟动物园谈何容易，反正我在记载里面看，没有谁说请白石老人去西郊万牲园看过虎的。

徐：我还在网上看到过他画的背着的虎。

李：我就觉得师爷挺有意思的，他画过一套《十二生肖》，那里的虎是背着人坐着的姿势，反正也是黄的，一条一条的黑，不见虎脸。

徐：也算是遮丑。

李：扬长避短。毕竟画家每一个人都有自己的局限性，平常也很少有人点他画虎，点的还是一些经常画的吉利题材。现在有一些人有名了就乱评论，还有一个"名人"说："齐白石不会画人物。"好家伙！第二天《北京晚报》给出了一版，劈头盖脑全是齐白石的人物，那位名人也没下文了。这些就不说了。

徐：我还看到一张画，也是您家藏的，白石老人画了一株茶花，下边是一对蟋蟀和养虫过冬的葫芦配在一块。您说那张也大有讲究，是怎么回事？

李：那张画是挺有意思，也可能这辈子那画呀不会再有第二张了。我父亲有个朋友，他挺喜欢老先生的画，但是他希望买白石老人比较精的，而且还愿意点题。我父亲就跟老人家说明来意，白石老人一听这关系，来吧！

这个也不乏其例，有先例。白石老人一边画，旁边有两三个人看着，有的看着看着"这张就是我的了"。

我父亲这位朋友就在白石老人旁边看，看着看着他给白石老师出一题，他说请老人画这么一张："我挺喜欢这个山茶花，山茶花就是在南方有，下着雪还能开，有红的有白的，尤其红的，那真是艳丽。"

徐：红花瓣上落着白雪，这多漂亮！

李：漂亮极了是吧？但是在北方只能种在花盆里头，一到天凉就得搬进来。他说我想请您画茶花，再配个蟋蟀。这玩意难了，这个是反季节啊，南方再暖和它毕竟下雪是吧？那时候那蛐蛐还能活么？早都甩了籽儿了，之后它死了，那籽儿在地里头，然后等着来年再出小蛐蛐。

要说白石老人真是文思敏捷、画思敏捷，当时画了一个在盆里头栽的红茶花，这显然就是暗示，我这是在北方屋里养的，然后又画着一个蟋蟀葫芦，开着盖儿，里头蟋蟀蹦出来了。

徐：这也是北方的玩物，北京人愿意养这个，冬天揣着蝈蝈葫芦。

李：冬天讲究鸣虫过冬，最有名的是两种，一个是过冬的蝈蝈，搁蝈蝈葫芦里头，还有一个是过冬的蟋蟀。这过冬的鸣虫啊，不便宜，单有人养那个。当然大小不同，蝈蝈葫芦大点，蟋蟀葫芦小点。揣在怀里暖和，太阳出来开开盖儿，爬出来，它跟人也熟了，离远了又冷，过一会儿就回来了，挺有意思的。

说到这个，当年白五爷，白奉林，他可厉害了。他是音乐家，通音律，他那个过冬的蝈蝈和蟋蟀跟人家养的不一样。他5个葫芦里5只，他能"点药儿"，就是在它发音那翅儿那里点药儿，这可是高级的手法，点错能烫死，还得点的量合适。他愣点出宫、商、角、徵、羽五音来，好，这一叫唤，你想想这什么声啊！你们那个叫儿都是一个声是吧？我这宫、商、角、徵、羽都有。因为他自己通音律，再者他养的手法又高，连养着过冬的蟋蟀、蝈蝈都通"音律"。咱就说这么点插曲吧。也说明白石老人注意观察老北京人的生活趣味,才能画出这么有趣味的作品。

白石老人通过这种处理,就合理了,你没得挑了吧,是吧? 您定的题材我都有了,又有蟋蟀又有茶花。我父亲那朋友挺满意这张画,挺高兴的。白石老人的画他可买了不少。

徐: 那求画点题的是不得多加钱呐?

李: 对,得多加点。那时候呢那个朋友也是有点儿余钱剩米,尤其又跟我父亲这个关系。

徐: 也是50年代初?

李: 不止了,这画是40年代的事,40年代末的事情。他可真定了不少。后来很侥幸,经过"文革"他还藏着一部分。他那时候生活比较紧了,托我给卖,还得偷偷地卖,那时候挺"左"的。我的家庭关系认识的人多,就托我给卖。其实我要有钱我就买了,可是我那时候工资一月60块。如果说我自己画的画偷偷地卖到外贸出口部门,一张四尺三开,能卖到15块,那就发财啦,是不是? 是工资的四分之一呀! 后来好的能卖两张三张四张,在那时候我还真是利用这点儿钱买了点儿东西。但是说我父亲的朋友,叔叔辈收藏的白石老人的画,不能蒙人家,人家也是内行,我就只能想办法介绍给其他的朋友。

徐: 自己买不起了?

李: 嗯,自己买不起了。那时候,像这种品相的画我能给卖多少钱? 600块。

徐: 80年左右?

李: 不,我在荣宝斋工作期间,1974年到1979年之间。

徐: 哦,70年代中后期,能卖到600,那也不少了。

齐白石　茶花促织图　99.5cm×33.3cm

释文：茶花时候画蟋蟀，乃求画者之意。白石。
钤印："齐大"。

按：小字是李燕跋的，讲述了这幅画的故
事。此画曾被借出作"捧场压轴"展品，
但不出售。

李：在下头卖的这算不少了，国家收购价那就惨了，那给你60、80，也就那价儿。有的朋友在那儿卖，我劝他别卖了，我认得他，那人不是外人，他不认得我，我认得他，他是白石老人的嫡孙。他一听我劝他别卖，就说："一说这话，您必定是苦禅师兄的公子。"我说是。我说这画是白石老人的精品，您要不急着缺钱呀，别卖，现在国家收购价，就给你40，你卖它干嘛？他就不卖了，自己存着。

徐：我在网上还看到这么一消息，白石先生的子孙在石河子那里还有一支，他的重孙子，由当年他孙子带着，回的北京，住在跨车胡同，跟祖爷爷这儿住着，也学学画。有一回白石老人高兴，给他画了一张画。白石老人教完画一般画完都自己收起来，但是说这画给你吧。这小孩就特高兴，拿过来转身出去，300块钱就卖给老尹啦。这是他自己写的，那就是50年代的事。

李：有这事，老尹有不少这好画，因为他太监出身，脑子机灵。我刚才这段还没说完，就说这茶花的事。我曾给这位叔叔卖了几幅画，他很感谢我。怎么感谢呢？说："这样吧，白石老人的画你挑两张。"我就挑了两张，其中有一张就是这张《茶花促织图》。

最对得起齐家的就是苦禅师兄

齐良迟师叔曾经说过："齐门之下这么多弟子，跟我们齐家最过得着的那就是苦禅师兄。"我父亲一生把白石老人真是当自己的父亲来看待，所以在我面前一称齐老先生就是"你齐爷爷如何，你齐爷爷如何"，所以我也习惯了就叫齐爷爷。

徐：李苦禅先生跟齐白石先生在一起三十多年的师生缘，感情一定非常非常好。

李：对，我的父亲从1923年秋天拜师算起，到白石老人1957年9月16日晏驾归西，共在门下三十四年，始终是忠于老师的，在任何风波之中也绝对没有背叛过老师。

在十年浩劫时期，"红卫兵"造反派说："李苦禅！你不是齐白石大弟子么？"——这时候算大弟子了，以前不说，以前都说谁谁谁是大弟子，"文革"挨批判了才说"你不是齐白石大弟子么"——"你揭发！我们敬爱的江青同志点名字的，反动画家齐白石，你得揭发！"逼着他写材料。后来我父亲写完了交给造反派，他们一看大怒："你这哪是揭发、批判？你这简直是歌颂！"我父亲说："我是如实写的，老师当年是怎么样我就怎么写。""他生活俭朴？""可不是嘛，他是劳动人民出身……""呸！你还给他涂脂抹粉，他是大地主！"我父亲说："他就是生活俭朴，日本鬼子来的时候他就是贴告示不给二鬼子画，当时我看到的就是这个，我可不就这么如实写么？"就为这个，又批判我父亲"顽固反动"。

先父苦禅老人在"文革"中间被逼着写的所谓揭发白石老人的材料，这个手迹现在我们都捐献给李苦禅纪念馆了，以史料为证。在这方面来说，齐家后人们对我父亲是非常感激的，齐良迟师叔曾经说过："齐门之下这么多弟子，跟我们齐家最过得着的那就是苦禅师兄。"

我父亲一生把白石老人真是当自己的父亲来看待，所以在我面前一称齐老先生就是"你齐爷爷如何，你齐爷爷如何"，所以我也习惯了就叫齐爷爷。

我父亲对于白石老人的这种感念之情，还体现在对于他后人的关怀之中。

徐：白石老人的后人应该不缺钱呀，最起码家里那么多白石老人的画呢。

李：不一定，他家的子女亲属多，境遇不同。

徐：白石老人有多少个子孙后代？不少呢吧？

李：不少，他老家有一位夫人，北京有一位夫人。到现在我自己也说不清楚他的后人、子孙究竟有多少名。

徐：我看有些材料说，他到晚年已经到了重孙子、孙子上他屋里去，他有时候都认不清楚的程度了，子孙太多了。他续房的宝珠夫人有孙子的时候，他很高兴，说："宝珠37岁就有孙子了！"也是说明老人希望人丁兴旺的意思。

李：过去老社会就讲究四世同堂，像乾隆皇帝五世同堂，这都认为是很大的喜事。这且不说，咱就说在白石老人的后人中间，有一位我的小师叔齐良末先生。大家都知道白石老人晚年得子，就是齐良末先生，他其实比我大不了几岁，但是叫"萝卜虽小长在辈儿上"，他是良字辈儿的，现在他还健在，我见着他，还得称他小师叔。

他有一度不知道什么原因，造成生活境遇非常惨，在北京好像连住的地方都没有，据说户口还悬着。他没办法，就抱着孩子带着夫人到处去求人，当然找的都是他父亲的故旧或者是有什么关系的亲朋，绕了一圈没人管。那个年月人们思想中间还有些顾虑，当然已经打倒"四人帮"了，但是人们还是各方面有些个思想顾虑，就不太愿意多管这个闲事。

有一天，有人敲门，我一开门，我说："小师叔您怎么光临我们家了？"一看他啊，满脸愁容，后面他夫人抱着不大一个孩子，我说："请进请进，有话里头说。"当时我是住在楼下，我父亲住楼上，我先问明来意，再告诉我父亲。

他就说说他眼前这个境遇，确实太惨了。他说"我找着些家儿，一瞧我这模样，人家连门都不让我进去，我真是……我斜眼看着里头他们的墙上还挂着我父亲白石老人给他们画的画呢，结果连口茶都不赏我，我真是伤心透了。我还是找苦禅师兄来了。"

我说:"这么着,你先等等,我先跟我父亲说一声。"我父亲一听就下楼来了,一般他接待客人就在楼上接待,这一听说是齐家的人来,特意从楼上下来。老人这时候也80多了,一看,"羍根",叫他小名了,挺熟的。"今天来什么事儿?"我小师叔就把他这个境遇说了一番,说:"你看老人在世桃李满天下,现在我找谁谁也不理我。"说到这儿我父亲朝他一瞪眼,说:"你找这桃李那桃李,你们家最大的桃李是谁?最大的桃姓李,你不找我这儿来,你满处瞎撞去?就你现在这德行,谁管你这闲事,人家敢管吗?管你闲事简单,问题是谁知道你后头扯的这件事是不是连累人家?现在谁都怕连累。你既然来了,我想办法给你帮着解决,能不能解决咱们再说。行文的这些事情让李燕做,最后我签个名、盖个印,这些个行文的事情李燕熟我不熟,就这么着吧。"

后来我写了封信,毛笔写的,正正规规写的,写给谁呢?写给当时已经落实政策,担任北京市副市长的叶子龙同志。一提叶子龙此人那可不得了,那是在毛主席身边追随他多年的老干部,是在毛主席身边时间最长的一位秘书,前后达二十四年。从延安到进城,直到"文革"。"文革"后落实政策,毛主席都去世了,他还健在。他人很好,"文革"中间他被造反派赶出中南海住在外头,这样我们才有缘分认识。那人挺好说话,没什么架子。原来以为毛主席大秘书得是什么样?后来一接触,他没什么架子,据说以前在位的时候也没什么架子。

过去来讲,毛主席到哪儿视察,为了保密起见,都说"最近几天可能叶子龙同志要来",那意思就是毛主席要来了。那真是前后左右、鞍前马后,真正是毛主席身边的人。现在当了副市长了,虽然他只是副市长,但是他的行政级别特别地高,市政府对他都特别地尊敬。我这信就写给"叶子龙同志亲启",直接递到他那儿了。三天之后叶子龙就来电话了,说:"我是叶子龙。"我说:"您接到我的信了?""可不是接到了,接到而且我很快就批,批的是宣武区,初步先给解决解决,有个地方先住一住,工作陆续安排,放心吧,已经解决了。"我说:"您那么快就解决了?""苦老写的东西、下的指示我能不赶快照办么?"我说:"您这话吓死我了。"他爱开玩笑。

这样的话，齐良末小师叔就在北京先安定下来了。安定下来之后要接着落实工作，当然就得对口，我们就找到负责美术界领导工作的华君武同志。华君武同志这人我觉得度量很大，因为齐家对他有所误解，对他说过一些个话，但是华君武这个人，我们住同一个院很长时间，我跟他接触很多，这个人不失仁者之心。他从历次这些严酷的政治斗争过来，受过很大的罪，但是他不失仁者之心。他就给批示：进中国美术馆。那是个正差儿，等于国家工作人员。到那儿当时安排什么呢？负责展览工作。

徐：什么叫展览工作？

李：听起来挺雅的，实际上就是展览会布置工作，装框子、挂框子……就是干布展这一套。所有工作人员都知道，这位齐良末先生不是一般人等，那是白石大师的公子，粗活、脏活、擦个框子什么的就不让他干了，说："这么着吧，给您弄个座儿坐在这，替我们看着这框子，别让人动。"实际上没开展览谁进来动？那意思就是您别干了，不忍心白石大师的儿子干这粗活、脏活，就让他"这儿坐着，看着这框子别溜下来就行了"。大伙在这儿擦框子、挂框子，最后还请他"您过过目，看看我们挂得行不行？"就这样。当然后来慢慢生活境遇就开始好一些了。

我父亲在世的时候，最后管的闲事，也有那么两三件，但是最值得提的就是这一件。事情都解决了之后，有一天忽然间我听到敲门声，敲得挺客气，这谁呀？我赶快一开，小师叔来了，穿一身新制服，戴着那过去的干部帽，那一身行头都吓我一跳，整跟特赦释放战犯一样，显然是新买的衣裳。他恭恭敬敬地进来，我觉得一定有事，进来之后，我问："师叔您有什么事情？"他先不说事，说："您先坐那儿。"让我坐在沙发上。我说："怎么回事？您先坐，您是客人，您是我师叔，您得先坐。""不不，您先坐下，我再说话。"我只能坐下了。他倒退三步，把帽子一摘，笔挺站直给我鞠一个90度大躬。我说："这使不得使不得，这不行，您是师叔辈，怎么给我行这大礼。"小师叔说着说着就掉眼泪了，他说："我千埋怨万埋怨，我不埋怨别人，就埋怨我父亲。白石老人生前托孤托错人了。先托孤徐悲鸿先生，可是徐院长先我父而去，没人管我了。又托一个夏护士，人家溜了、跑了，我没人管了。这才一步一步，落到倒霉的地步。没人管我，多亏苦禅师兄帮我这忙了，帮大忙了，不但帮我这忙了，帮我们全家忙，还帮我的孩子忙，喂奶也得有个吃奶的地方。"说那么一番感激的话，当然我也很感动。他还作了诗送给我，那诗稿我还留着。

1983年6月11日凌晨，我父亲突然犯痰痫，把气管堵住了，本来身体挺壮实，一下缺氧犯心梗去世了。急救车送到心血管医院，我到现在都不知道小师叔怎么消息那么灵通，或许是心血管医院有人他认得？他马上就知道了。后来我父亲推到太平间的时候，忽然有一只手过来，扒着抽屉不让关，号啕大哭。太平间里黑着呢，那里可不是灯火通明的地方，就一小灯。有一个人在那儿号啕大哭，我都不知道是谁，我说："您别哭，您哪位？"他哭得接不上气，说："你不认得我？"我一瞧，正是齐良末。合着我父亲过世之后，第一个来吊唁的就是我的小师叔齐良末先生，我很感激他。这人的一辈子，不就是一个缘字。这缘在于哪儿？在一个情上头，无情岂有缘呢？

事后，小师叔齐良末只要是提起我父亲，不管是在我面前还是在别人面前，总提我父亲不忘师恩。当然我父亲也没少训斥他，毕竟他岁数小。就说"你倒霉到如此地步，你也不能怨别人，更不能怨老师托孤托错，还得怨自个儿，你有些事情确实做得不合适，我就不细说了，你自个儿都知道。现在处境好了可别忘本，先前你哪些事做错了，千万千万注意，如果你要是再有个三长两短的，我可真帮不了你忙了，你算算我多大岁数了。当然李燕也许能帮你忙，但是过去有句话，'再好的刀伤药，还是别拉口为好'"。教训他一番，无非是为他今后负责，也是出于对于齐老师的感激之情。

而且我父亲在世，曾经还留下这么句话，凡属齐家的、徐家的事，只要提出来了，一概要支持，还要全力支持。这齐家就是齐白石老先生家的事，徐家就是徐悲鸿徐院长家的事。

不久前去世的徐院长的夫人廖静文，她有一次要搞一个义卖活动，以徐悲鸿纪念馆的名义，出售一些个名家字画。悲鸿夫人也把我算名家了，让工作人员找到我这儿了。我当时画了一张挺大的画。后来给她的时候，她一看是两张，除了我这儿张，还有一张我父亲的小品，那当然是遗作了。她特别感谢，给我母亲还写了封感谢信，又来电话。我说："先父有遗嘱，齐家、徐家的事绝对要全力以赴。虽然苦禅老人不在了，但毕竟徐院长是他的西画恩师，所以您有事您尽管说，我这能尽力的地方绝对尽力。"

徐：就是说您给了一张您自个儿画的，还给了一张您父亲的遗作？

李：对，徐家的义卖慈善事业嘛！到现在为止，只要是以齐白石艺术研究会的名义所做的一些事情，我都是及时支持，全力支持。我觉得作为徒孙一辈，我们不仅要继承先辈的艺术，更要把先辈的这种缘分继承下来，这个很重要。我们中国人都讲一个缘分，缘分的根是情义，这不能忘。要没了这个的话，我看我们中国人的品德大概就丢了至少一半了。所以我觉得要谈及白石老人，我就不禁联想到在白石老人过世之后，先父苦禅老人仍然不忘齐家对他的恩，能做多少有利于齐家后人的事情就做多少。

徐：我看过一幅照片，您父亲很大年纪的时候，挂着拐杖，端然肃立在齐白石先生的墓前。

李：是，有这么一张。

徐：但是我看齐先生的自传，他原本在陶然亭给自己找好了墓地，新中国成立以后，陶然亭改公园了，不许有坟墓了，白石先生就把自个儿预定的坟地迁走了。他那个碑也是他自己写的。为什么您父亲站在齐白石先生的墓碑旁边的那张照片上，那个碑是您父亲写的呢？

李：这事说来话长了。当初白石老人生前最后选定的墓地在白石桥，他叫齐白石，赶寸了，那个桥也叫白石桥。

徐：不是因为齐白石改的地名？

李：不是不是，原来就叫白石桥。就在动物园那边有条河，往西边流，不远的地方叫白石桥。白石桥那儿原来有专门预备做墓地的一片地，种满了松树，白石老人就在那儿选了一片地，小松林，挺肃静的。所以他去世以后，白石老人的后人就根据老人的遗嘱，在那儿给白石老人下葬；也根据白石老人的遗嘱，给他放了一些殉葬品，就是他生前常用的毛笔，还有他的两方图章，"湖南长沙湘潭人也"，还有"齐白石"，他自己的名章，还有他这一辈子掉的少数的几颗牙。他一辈子牙掉得很少，咱讲过，他又重长了一次牙，就那几颗牙齿，白石老人在宣纸上写着"白石落齿"，包个包儿作为殉葬。还有他的龙头拐杖，挂一个小葫芦，还有大家常见的照片上出现的他那个长袍，云头福字履鞋，还有丝绒的老头帽，那还是许师叔的夫人给他做的。殉葬品都很简单。

墓碑是他生前写好的，两个墓碑，因为旁边还有他的继室宝珠夫人。他那个是"湖南长沙湘潭齐白石之墓"，一旁还有"继室宝珠之墓"，他亲自写的。所以后来就按照他镌刻的这两块碑，在那儿入葬了。仪式很隆重，周总理都出席了，几乎当时所有的文化界的名人都去了。这个就不说了，大家看照片就知道了，1957年9月16日白石老人去世，国家举行最高规格的葬礼。

可是经过岁月沧桑，那个地面变了，松树都砍得剩不了几棵了，盖了好些简易楼。白石老人的墓都差点儿让简易楼给圈上了，就一面没有圈留出了条道儿。"文化大革命"一来，江青为了把矛头指向周总理，就掀起批齐的妖风，说："齐白石是个财迷，是谁把他捧那么高？"这里头就话后有音，那就是把矛头指向周总理。周总理对齐白石关怀备至，还到家里去看望过。

她组织了一个"批齐联络站"，就设在中央美术学院国画办公室，把白石老人家里存的一些画，还有一些地方抄的白石老人的画，绝大部分都没有裱轴，就是单片，都弄那儿去。我可亲眼看见了，不夸张，就跟小金字塔式的，大概离地得有一米。当时乱堆的，那乱堆也不少。就是单片子，轴儿的放在一边。多少家抄出来的，包括我们家抄出来的，师叔刘冰庵先生家里抄出来的，许麟庐先生家里的，各家里的，都集中在中央美术学院国画系办公室，那成了"批齐联络站"了。

中国美术馆还成立了"批齐战斗队"，"战斗队"的主要成员是谁，我不好意思讲了，也是原来跟白石老人学画的。当时批得很厉害，为了批齐，白石老人的画损失很大。光我知道的有两家，害怕得自己销毁了100多件。

徐：自个儿销毁？自己家里的，藏好了别露就完了，干嘛非要自己给毁了？

李：害怕啊！因为那时候好像抄出白石老人的画就是"反革命"。江青一点名，这个女人在当时的历史条件下，张嘴能杀人的。一个她一个康生，生杀大权掌握在一人之口。那真是吓的，自己主动毁的。有一位，"文革"前省吃俭用买了好多白石老人的画。那时候画都是正常市场，不像现在拍卖行炒出来的，那时候30块、40块、50块、60块，都能买一幅白石老人的画。月工资有60块、80块的，你省着点，或者借着点，都能买得起。还有时候说"这个画你给我留3天，我凑够了钱来买"，"老主顾，就给你留三天"。他先买了画，再还别人债。那人我都认识。

"文革"中间还没来得及冲击他的时候，他夜里弄一个澡盆，把画闷湿了，撕，弄成小纸捻，早上到公共厕所偷偷地扔那里头。这公共厕所呢，隔一会儿"轰隆"冲一下水。这些白石老人的真迹就都灭迹了。"文革"之后，他再也不跟画界人来往了。据说谁跟他一提画，他肝儿疼。因为是自个儿毁的心肝宝贝呀。

东北还有一位叫周铁南，那也是爱白石老人的字画如命。他认得白石老人，有时候都到家里买，那收藏品绝对过百件。据说家里人害怕，都给烧了！哎呀，那损失真不小。

就这样，红卫兵去了把白石老人的碑给砸碎了，完了还要盗开人家的墓，撒骨扬尘，多缺德！过去在古代讲，最大的罪过才扒坟盗墓、撒骨扬尘。好在白石老人的墓是按照过去的办法，不是拿水泥做的，是三合土，那材料可厉害，特别结实，这一镐下去就锛一个白点儿。

徐：怎么叫三合土？

李：它有秘方，沙子、石灰、胶泥，里头还加什么，有些城墙里面还灌米汤。不像水泥，还能弄下一块儿，这你一镐下去就这一块白点儿。有人就说："以后再弄，以后弄个吊机，整个一大块儿吊起来。"后来这事儿就没人提了，这墓就给平了。

打倒"四人帮"以后，大伙儿都呼吁恢复白石老人的墓。有人就建议，请白石门下的某一位男弟子，说他知名度高，请他来写。后来齐家所有人都

李燕聊齐白石

不同意，说："经过这场'文化大革命'，经过历次的风风雨雨，最对得起我们齐家的，数第一的，就是苦禅师兄。这个墓碑必须得是苦禅师兄来写！"这是齐良迟师叔跟我说的，在这个问题上他们弟兄都没有争议。

这样美协就找到我了，让我通知我父亲，说给老师写碑。哎哟，我父亲他就觉得无上光荣。反正为这个碑，他写了有20多遍，心脏病都犯了。

徐：他不是写小字放大？

李：就是原大，放大不如写原大，宁可大了缩小。写了20多遍，心脏病都犯了。我说："爸您别写了，我不是在荣宝斋干活么？我会勾填、勾字。您像毛主席老人家最后一次给北京外语学院写的匾，就是最后一次写的匾。那就是由中南海送到荣宝斋编辑科，那个字也就是核桃那么大，写得还不齐，老人家岁数太大，一看笔都提不起来了，光嘀嗒墨汁。这事当时都不敢说。这个光荣任务交给我了，我给放大以后交给荣宝斋，选最好的木板，由持刀最好的张师傅给刻的。"

所以我父亲当时也懂这个，我挑着老人觉得最满意的字，我把它勾下来。所以我给美协的是双勾的字。另外我父亲觉得按规矩应该有碑阳还得有碑阴。碑阴最好选两首诗，一首是能够概括白石老人的人生观、价值观的，那好选，"祖母闻铃心始欢"这首。另一首可费劲儿了，花了一夜的功夫查白石老人的诗，果然查到一首最合适的，就是他夸奖他这位宝珠夫人的，其中最有意思的就是"山妻犹指画中疵"，"山妻"是对自己妻子的一种谦称，她跟我这儿"近朱者赤、近墨者黑"受影响了，她都能经常指出我画中的缺点，"吹毛求疵"的"疵"。

我父亲写了两遍，一遍自己留着，在我们家。那一份送到美协去了，到现在也不知道上哪儿去了，问谁谁都不知道。包括经手人我问他每次都打哈哈，我都不知道为什么！要不现在诚信丢失了，这是给公家写的，你要自个儿喜欢，那另说，我们给你个复制品。这人现在还活着呢，一见面就打哈哈，望左右而言他。

徐：那后来这碑阴就没刻？

1982 年清明节李苦禅在自己书写的齐白石墓碑前肃立

李：就没刻。我父亲还特意写着"弟子苦禅敬录"，这明明就是为白石老人的墓碑写的，我父亲跟谁称弟子？

所以后来新的墓碑树立之后，中国美协在那儿举行了隆重的仪式，现在还存着照片。我父亲特意在碑前面单独留影，那神态就好像还陪着老师似的。当然还有他和他最好的师弟许麟庐在那儿合影，当然也有别人，有李可染、吴祖光、新凤霞等人。反正白石老人门下经过"文化大革命"，还都侥幸活下来的，都在那儿，大家都合影。但最近我听说，也不知道怎么回事儿，谁都不通知，我们也都不知道，据说这个墓给迁了。迁哪儿我们也不知道，据说墓碑也不知道又找谁写的。现在想给我师爷烧香都没地方。

徐：重新立的这个墓，您父亲写碑的这个墓还在白石桥那儿？

李：当时是在白石桥，就是原址建的，现在没了，据说给迁走了。

1982 年清明节李苦禅、许麟庐、李可染等多位艺术家祭扫齐白石墓

徐：这可不应该迁啊。

李：据说这几年，原址那儿盖楼了。北京市摊饼似的，城市规划始终不成功，摊大饼，一圈一圈往外摊。直到最近才觉悟了，北京市政府将要迁到通州那边去。现在通州房子贵了，就是因为市政府迁出去了。现在有房主按着不卖，待价而沽。哎呀，城市功能重叠化，就造成城市的被动，交通堵塞，每天早晚全城大搬家。我在政协早提这个了，不听，没人听。

咱不谈这了，还是说白石老人墓碑的这个事情。我的父亲苦禅老人毕竟跟他的恩师有这么个缘分，替白石老人写了墓碑。即使他们现在有人要不用，又用不知道什么名人的了，手迹我这儿都留着，都托好了，上面都用小字注上了，盖好印了，就为传世用。

徐：就是写的那20多张。

李：对，他认为还值得留的，认为不值得留的就不让留了。他对书法要求特别严，他认为书法比画难。所以他一生留的作品，按比例来讲，100张作品里面能有1张书法就不错了，他把他认为还比较满意的那些件，我都给他托裱起来了，上面我题的字，盖的章，当然要盖上我父亲的印，这是为后世负责。这段历史，有何证据？就凭此为证。

李燕聊齐白石

后记：谈聊天

聊天是个好办法，人民群众可以年年聊，月月聊，天天聊，聊出好多天下人、天下事。聊天可以长觉悟，长见识，互聊互慰，爽心抒怀，畅然解郁，颐养天年。

我们山东有个"聊斋"，虽属陋室空堂，但因斋主名留仙，至今还能超前"穿越"地跟大家伙儿聊！我们家乡就是"聊城"，"城"比"斋"大，自然故事更多，属下高唐、阳谷地界，古往今来出过多少豪杰！可聊的多了！用时代语言形容，看这一个"聊"字，足够聊出个"云平台"！

"聊天"二字藏有玄机；"聊"字是"耳"边立有一个"卯"，卯属"地支"子、丑、寅、卯第四位，历历轮回无尽无休。再看看这"天"字，人字当中加一横之为"大"，加二横即为"天"，一个字竟含"天地人"，古人称之为"三才"，您看神不神！聊到此处不知您有没有顿开茅塞的感觉？！

画画讲究章法，聊天也得有个聊法儿。今天聊聊过去的事，明天聊聊过不去的事，后天聊聊眼前过日子的事。对这一段一段的人间往事，咱不会正儿八经地"论"，只爱海阔天空地聊。聊也得聊得有品位、有文化不是？"凡出言，信为先"，我的原则就是亲历、亲闻、亲见的事咱爱聊；信口开河，"水淹七军"的咱绝不聊。今有徐德亮给我"量活"，我才冒充这"逗哏"的了！今儿个先聊的是咱师爷齐白石大宗师的事儿，再由确有真文凭的北大中文系毕业生徐德亮整理成文，奉献百姓。日后还有"段子"呢，咱们再接着聊。

李燕写于首都

2016年5月16日